NORWEGIAN FOR DOCTORS

A language guide for doctors working with Norwegian-speaking patients

Sophia Brown

Copyright © 2025 Sophia Brown

All rights reserved

The characters and events portrayed in this book are fictitious. Any similarity to real persons, living or dead, is coincidental and not intended by the author.

No part of this book may be reproduced, or stored in a retrieval system, or transmitted in any form or by any means, electronic, mechanical, photocopying, recording, or otherwise, without express written permission of the publisher.

Not intended as a substitute for professional translation services.

CONTENTS

Title Page
Copyright
Introduction 1
How to Use This Book 3
Introduction to Norwegian 5
Initial patient greeting and introduction 9
Taking patient medical history and chief complaints ... 11
Explaining medical procedures and obtaining consent ... 13
Discussing symptoms and pain assessment 16
Providing reassurance and emotional support 18
Explaining diagnosis and treatment options 20
Medication instructions and dosage explanations ... 22
Discharge instructions and follow-up care 24
End-of-life conversations and palliative care 26
Emergency situations and urgent care communication ... 29
Physical examination instructions and positioning ... 31
Laboratory test explanations and results discussion ... 33
Imaging studies preparation and results 35
Surgical consultation and pre-operative discussion ... 37
Post-operative care and recovery instructions ... 39
Chronic disease management and lifestyle counseling ... 41

Preventive care and health screening discussions	43
Mental health assessment and counseling	46
Pediatric communication with children and parents	48
Geriatric care and age-related health issues	50
Cardiology consultations and heart conditions	52
Pulmonology and respiratory disorders	54
Gastroenterology and digestive system issues	56
Endocrinology and diabetes management	58
Nephrology and kidney disease discussions	60
Rheumatology and autoimmune conditions	62
Hematology and blood disorders	64
Oncology consultations and cancer care	66
Infectious disease management and isolation	68
Immunology and allergy consultations	70
General surgery pre and post-operative care	72
Orthopedic surgery and musculoskeletal injuries	74
Neurosurgery and neurological procedures	76
Cardiovascular surgery consultations	78
Plastic and reconstructive surgery	80
Urological procedures and consultations	82
Gynecological examinations and procedures	85
Ophthalmology and eye care	87
Otolaryngology (ENT) examinations	89
Dermatological procedures and skin conditions	91
Emergency room triage and assessment	94
Trauma care and injury evaluation	96
Critical care and intensive care unit communication	98
Resuscitation procedures and family communication	100

Poison control and toxicology consultations	103
Psychiatric emergencies and crisis intervention	105
Pediatric emergency care	107
Obstetric emergencies and labor management	109
Burn care and wound management	111
Pain management in emergency settings	113
Obstetrics and prenatal care discussions	116
Labor and delivery communication	118
Neonatal intensive care and newborn health	120
Pediatric vaccinations and child development	122
Adolescent medicine and confidentiality issues	124
Women's health and reproductive medicine	127
Men's health and urological concerns	129
Geriatric medicine and aging-related issues	132
Palliative care and hospice discussions	134
Rehabilitation medicine and physical therapy	136
Depression and anxiety screening	138
Substance abuse counseling and treatment	140
Eating disorders assessment and treatment	142
Sleep disorders and sleep medicine	145
Cognitive assessment and dementia screening	147
Stress management and mindfulness counseling	149
Family therapy and relationship counseling	151
Crisis intervention and suicide assessment	153
ADHD and learning disabilities	155
Autism spectrum disorders assessment	157
Cardiac catheterization and interventional procedures	160
Endoscopic procedures and colonoscopy	163

Bronchoscopy and pulmonary procedures	166
Lumbar puncture and cerebrospinal fluid analysis	168
Bone marrow biopsy procedures	170
Advanced imaging interpretation (MRI, CT, PET)	173
Genetic testing and counseling	176
Allergy testing and immunological assessments	178
Fertility testing and reproductive endocrinology	181
Transplant medicine consultations	183
Vaccination schedules and immunization counseling	185
Cancer screening programs and early detection	188
Cardiovascular risk assessment and prevention	190
Diabetes prevention and lifestyle modification	192
Smoking cessation counseling and support	194
Nutrition counseling and dietary modifications	197
Exercise prescription and physical activity	199
Occupational health and workplace safety	201
Travel medicine and infectious disease prevention	203
Community health interventions and education	206
Medical record documentation and patient notes	208
Interdisciplinary team communication	210
Consultation requests and specialist referrals	212
Insurance and prior authorization discussions	214
Informed consent documentation	216
Adverse event reporting and patient safety	218
Quality improvement initiatives	220
Medical research participation discussions	222
Telemedicine consultations and remote care	224
Continuing medical education and professional	226

development
Cultural competency in medical practice   228
Religious considerations in healthcare   230
Language barriers and interpreter services   232
Healthcare disparities and social determinants   234
Medical ethics and patient autonomy   237
Confidentiality and HIPAA compliance   239
Breaking bad news and difficult conversations   242
Advance directives and end-of-life planning   244
Medical malpractice and risk management   247
Professional boundaries and therapeutic relationships   249

INTRODUCTION

Please note that this book is not intended as a substitute for professional translation services as mandated by law or policy.

Medicine is a universal language of care, but the words we use to deliver that care are deeply rooted in the languages and cultures of the communities we serve. For doctors working with Norwegian-speaking patients, the ability to communicate effectively in Norwegian can transform the clinical encounter from a mere exchange of information into a meaningful therapeutic relationship built on trust, understanding, and cultural sensitivity.

This guide was created with a clear purpose: to bridge the linguistic gap that can sometimes stand between healthcare providers and their Norwegian-speaking patients. Whether you're a medical professional relocating to Norway, a doctor in a Norwegian immigrant community abroad, or a student preparing for clinical rotations in Scandinavia, this book provides the essential vocabulary, phrases, and cultural insights you need to provide compassionate, effective care.

The pages that follow contain far more than simple translations. This is a practical, clinically-focused resource organized around the real scenarios you'll encounter in medical practice—from taking a patient history and explaining diagnoses to discussing sensitive topics like end-of-life care and breaking bad news. Each section includes pronunciation guides, grammatical examples, practice dialogues, and realistic scenarios that bring the language to life in authentic clinical contexts.

Language is more than words—it's a window into how people experience illness, express pain, and make decisions about their health. By learning to communicate in Norwegian, you're not just acquiring vocabulary; you're demonstrating respect for your patients' identities and creating space for them to be heard in their own voice. This commitment to linguistic and cultural competence can improve patient satisfaction, enhance diagnostic accuracy, reduce medical errors, and ultimately save lives.

As you work through this guide, remember that language learning is a journey, not a destination. Every phrase you master, every conversation you navigate, and every moment of connection you create with a Norwegian-speaking patient is a step toward becoming a more complete and compassionate physician.

HOW TO USE THIS BOOK

This guide is designed as both a learning tool and a practical reference for use in clinical settings. To maximize its value, consider the following approaches:

For Systematic Learning: If you're new to Norwegian or preparing for work in a Norwegian-speaking environment, start at the beginning and work through the sections sequentially. The book progresses logically from basic greetings and patient intake through increasingly complex clinical scenarios. Focus on one section at a time, practicing the vocabulary and dialogues until you feel comfortable before moving forward. Pay special attention to the pronunciation guides—Norwegian has distinct sounds that may be unfamiliar, and correct pronunciation will significantly improve patient understanding and trust.

For Quick Reference: Once you're familiar with the content, this book serves as an excellent bedside or clinic reference. The detailed table of contents and clear section headings allow you to quickly locate the phrases you need for specific situations. Consider bookmarking sections relevant to your specialty or practice setting. Many physicians find it helpful to review the relevant section before appointments with Norwegian-speaking patients.

Active Practice Strategies: Language learning requires active engagement. Read the practice dialogues aloud, focusing on the pronunciation guides. If possible, practice with a Norwegian-speaking colleague or language partner. Record yourself and compare your pronunciation to native speakers. Role-play the scenarios with colleagues to build confidence and fluency in realistic clinical contexts.

Cultural Sensitivity: Pay attention to the formal versus informal address (De vs. du) explained throughout the book. Norwegian clinical settings often use the informal "du," but the formal "De" may be appropriate with elderly patients or in certain professional contexts. The grammatical examples help you understand these distinctions and adapt appropriately.

Beyond Memorization: Don't simply memorize phrases—understand the structure. The grammatical examples in each section teach you patterns you can adapt to create your own sentences. This flexibility is crucial because patient conversations rarely follow a script. Understanding basic grammar allows you to respond naturally to unexpected questions or situations.

Remember that patients appreciate any effort to speak their language, even if imperfectly. A few well-pronounced Norwegian phrases, delivered with genuine care, can establish rapport and trust far more effectively than flawless English delivered without cultural awareness.

INTRODUCTION TO NORWEGIAN

Norwegian is a North Germanic language spoken by approximately 5.5 million people, primarily in Norway but also in Norwegian diaspora communities around the world. For medical professionals, learning Norwegian offers unique rewards: Norway has one of the world's most advanced healthcare systems, a strong tradition of medical research and education, and a patient population that values clear communication and shared decision-making in healthcare.

The Norwegian Language Landscape

Norwegian exists in two official written forms—Bokmål (the more common form, used by about 85-90% of the population) and Nynorsk—as well as numerous spoken dialects that vary significantly by region. This guide focuses on Bokmål, which is the standard in most healthcare settings, urban centers, and medical documentation. However, be prepared to encounter dialectal variations in pronunciation and vocabulary when working with patients from different regions. Norwegians are generally very understanding of non-native speakers and will often adjust their speech to help you understand.

Key Linguistic Features for Medical Communication

Several characteristics of Norwegian are particularly relevant for medical professionals:

Pronunciation: Norwegian has sounds that don't exist in English, including the soft "sj" sound and distinctive vowel tones. The pronunciation guides in this book use phonetic approximations to help English speakers, but listening to native speakers is invaluable for developing accurate pronunciation.

Formal vs. Informal Address: Modern Norwegian healthcare settings predominantly use the informal "du" (you) regardless of age or social status, reflecting Norway's egalitarian culture. However, some elderly patients may expect or appreciate the formal "De," especially in written communication. This guide provides both forms where appropriate.

Word Order and Grammar: Norwegian word order is relatively similar to English in simple sentences, which can make basic communication more accessible for English speakers. However, Norwegian uses grammatical gender (masculine, feminine, neuter) that affects article and adjective forms—a feature demonstrated in the grammatical examples throughout this book.

Medical Terminology: Norwegian medical vocabulary contains many cognates with English medical Latin terms, which can facilitate learning. However, everyday language for symptoms and body parts may differ significantly from English, making comprehensive vocabulary study essential.

Cultural Context in Norwegian Healthcare

Understanding Norwegian healthcare culture enhances your linguistic competence. Norwegian patients typically expect:

- Direct, honest communication about diagnoses and prognoses
- Shared decision-making and respect for patient autonomy
- Informal, egalitarian relationships with healthcare providers
- Strong privacy protections and confidentiality
- Comprehensive written information about treatments and medications

The Norwegian healthcare system emphasizes primary care and

preventive medicine, with strong coordination between general practitioners, specialists, and hospital services. Patients are generally well-informed and health-literate, often arriving at appointments with questions researched in advance.

Building Clinical Norwegian Proficiency

Developing medical Norwegian proficiency requires targeted effort beyond general language study. Medical communication demands precision—misunderstanding a symptom description or medication instruction can have serious consequences. This guide addresses this need by organizing content around clinical scenarios rather than general language topics.

Focus initially on high-frequency, high-impact phrases: patient greetings, pain assessment, consent procedures, and medication instructions. These foundational skills allow you to conduct basic patient encounters safely and professionally. As your confidence grows, expand into more complex areas like breaking bad news, discussing treatment options, and navigating cultural or ethical considerations.

Regular practice in realistic contexts is essential. If possible, arrange to shadow Norwegian-speaking colleagues, participate in standardized patient encounters with Norwegian speakers, or use language exchange programs to practice medical scenarios. Many Norwegian medical schools and hospitals offer language courses specifically designed for international medical professionals.

Your Journey Ahead

Learning medical Norwegian is an investment in your professional capability and your patients' wellbeing. The effort you put into mastering these phrases, understanding cultural nuances, and practicing clinical communication will pay dividends throughout your career. Each section of this guide brings you closer to confident, competent communication with Norwegian-speaking patients.

Approach this learning with patience and persistence. Medical language learning is challenging, but it's also deeply rewarding. When you successfully take a medical history in Norwegian, explain a diagnosis clearly, or comfort a worried patient in their native language, you'll experience the profound satisfaction of truly connecting with those in your care.

Welcome to Norwegian for Doctors. Your journey to multilingual medical competence begins here.

INITIAL PATIENT GREETING AND INTRODUCTION

Key Vocabulary

God dag - goo dahg - Good day
Hvordan har du det? - vor-dan har doo deh - How are you?
Jeg heter [Ditt navn] - yai heh-ter [ditt novn] - My name is [Your name]
Jeg er legen din - yai air lay-gen deen - I am your doctor
Takk for at du kom - takk for ah doo kom - Thank you for coming
Det er hyggelig å møte deg - deh air higg-eh-lee oh muh-teh dai - It is nice to meet you
Vær så snill og sett deg - vair soh snill oh sett dai - Please have a seat
Unnskyld - oon-shill - Excuse me / Pardon me
Hva kan jeg hjelpe deg med? - va kan yai yel-peh dai meh - What can I help you with?
La oss starte med en samtale - lah oss star-teh meh en sam-tah-leh - Let's start with a conversation

Grammatical Examples

God dag, mitt navn er Dr. Hansen. - Good day, my name is Dr. Hansen.
God dag, navnet mitt er Dr. Hansen. - Good day, my name is Dr. Hansen.
Hei, jeg heter Dr. Hansen. - Hello, I am called Dr. Hansen.
Hei, jeg er Dr. Hansen. - Hello, I am Dr. Hansen.

Practice Dialog

God dag, jeg heter doktor Hansen og skal hjelpe deg i dag.
God dag, takk for at du tar deg tid. Jeg er litt nervøs.
Det er helt forståelig. Fortell meg, hva kan jeg hjelpe deg med?
Jeg har hatt veldig vondt i brystet de siste dagene.

English translation:
Good day, my name is Doctor Hansen and I will be helping you today.
Good day, thank you for making time. I am a bit nervous.
That is completely understandable. Tell me, what can I help you with?
I have had a very bad pain in my chest for the last few days.

Practice Scenario

"God morgen, jeg er doktor Hansen. Hyggelig å møte deg. Hva kan jeg hjelpe deg med i dag? Fortell meg litt om hvorfor du er her. Det er viktig at du føler deg trygg, så si i fra hvis det er noe du lurer på." Pasienten nikker og begynner å forklare sine symptomer.

English translation:
Good morning, I am Doctor Hansen. Nice to meet you. What can I help you with today? Tell me a bit about why you are here. It is important that you feel safe, so please let me know if there is anything you are wondering about. The patient nods and begins to explain their symptoms.

TAKING PATIENT MEDICAL HISTORY AND CHIEF COMPLAINTS

Key Vocabulary
Hva kan vi hjelpe deg med? - Vah kahn vee YEL-peh deh meh? - What can we help you with?
Hvor lenge har du vært syk? - Vor LENG-eh har doo vert sook? - How long have you been ill?
Kan du beskrive smertene? - Kahn doo beh-SKREE-veh SMER-teh-neh? - Can you describe the pain?
Har du noen allergier? - Har doo NOH-en al-ler-YEER? - Do you have any allergies?
Hvilke medisiner bruker du? - VIL-keh meh-dee-SEEN-er BROO-ker doo? - Which medications do you use?
Hvordan er smertene? - VOR-dan er SMER-teh-neh? - How is the pain?
Tidligere sykdommer - TEED-lee-eh-reh SOOK-dom-mer - Previous illnesses
Hvor ofte har du dette? - Vor OF-teh har doo DEH-teh? - How often do you have this?
Hva forverrer plagene? - Vah for-VER-rer PLAH-geh-neh? - What makes the symptoms worse?
Tusen takk for hjelpen - TOO-sen tahk for YEL-pen - Thank you very much for your help

Grammatical Examples

Hva slags plager har du? - What kind of complaints do you have? (informal, singular)
Hva slags plager har De? - What kind of complaints do you have? (formal, singular)
Hva slags plager har dere? - What kind of complaints do you all have? (informal, plural)
Fortell meg om plagene dine. - Tell me about your complaints. (informal, singular)

Practice Dialog

God dag, hva kan jeg hjelpe deg med i dag?
Jeg har hatt veldig vondt i brystet og blir veldig kortpustet.
Når startet disse plagene, og har du noen andre symptomer?
Det startet for en time siden, og jeg føler meg også svett og kvalm.

English translation:
Good day, what can I help you with today?
I have had a very bad pain in my chest and become very short of breath.
When did these complaints start, and do you have any other symptoms?
It started an hour ago, and I also feel sweaty and nauseous.

Practice Scenario

"Lege: God dag. Hva kan jeg hjelpe dere med i dag?
Forelder: Han har hatt høy feber i tre dager og hoster mye.
Lege: Jeg skjønner. Har han tatt noen medisiner?
Forelder: Paracet, men feberen kommer tilbake.
Lege: La meg undersøke ham. Pusten er litt hurtig. Vi tar en oksygenmåling for å sjekke alt."

EXPLAINING MEDICAL PROCEDURES AND OBTAINING CONSENT

Key Vocabulary

Vennligst legg deg her - VENN-ligst legg dai her - Please lie down here

Vi skal nå undersøke deg - Vee skahl naw oon-der-suh-keh dai - We will now examine you

Dette kan føles ubehagelig - DET-teh kahn fuh-lehs oo-beh-HAHG-eh-lee - This might feel uncomfortable

Vil du være så snill å samtykke? - Vil doo veh-reh saw snill aw sahm-tew-keh - Would you be so kind as to consent?

Forstår du prosedyren? - For-stawr doo proh-seh-DEW-ren - Do you understand the procedure?

Har du noen spørsmål? - Hahr doo noh-en spur-smawl - Do you have any questions?

Jeg trenger ditt samtykke - Jai treng-er dit sahm-tew-keh - I need your consent

Dette er en rutinemessig undersøkelse - DET-teh er en roo-tee-neh-mess-ee oon-der-suh-keh-el-seh - This is a routine examination

Det er viktig at du er helt stille - Det er VIK-tig aht doo er helt STIL-leh - It is important that you stay completely still

Tusen takk for din tillit - TOO-sen tahk for deen til-LEET - Thank you very much for your trust

Grammatical Examples

Vi skal foreta en liten operasjon. - We are going to perform a minor operation.
Vi skal foreta en enkel blodprøve. - We are going to perform a simple blood test.
Vi skal foreta en hurtig undersøkelse. - We are going to perform a quick examination.
Vi skal foreta en nødvendig behandling. - We are going to perform a necessary treatment.

Practice Dialog

Vi skal sette inn en venflon slik at vi enkelt kan gi medisiner og væske.
Det høres greit ut. Er det noen særlige risikoer jeg bør vite om?
Den vanligste komplikasjonen er en liten blåmerke der nålen går inn, men det er sjelden alvorlig.
Takk for informasjonen. Jeg samtykker til at dere gjør prosedyren.

English translation:
We will insert a cannula so that we can easily administer medication and fluids.
That sounds fine. Are there any specific risks I should be aware of?
The most common complication is a small bruise where the needle goes in, but it is rarely serious.
Thank you for the information. I consent to you performing the procedure.

Practice Scenario

"Legen forklarte klar og rolig hvilken prosedyre pasienten trengte, hvorfor den var nødvendig, og hvilke risikoer den innebar. Hun sørget for at pasienten forstod informasjonen og ga rom for spørsmål. Deretter ba hun om samtykke til å fortsette. Pasienten samtykket, og behandlingen kunne starte."

English translation: The doctor clearly and calmly explained which procedure the patient needed, why it was necessary, and what risks it involved. She ensured the patient understood the information and made room for questions. Then she asked for consent to proceed. The patient consented, and the treatment could begin.

DISCUSSING SYMPTOMS AND PAIN ASSESSMENT

Key Vocabulary

Hvor har du vondt? - Vor har doo vont - Where does it hurt?
Hvordan føles smerten? - Vor-dan fuh-les smer-ten - How does the pain feel?
Når startet det? - Nor star-tet deh - When did it start?
Har du feber? - Har doo feh-ber - Do you have a fever?
Kvalme - kval-meh - Nausea
Svimmelhet - svim-mel-hayt - Dizziness
Hvordan sover du? - Vor-dan so-ver doo - How are you sleeping?
Kan du beskrive symptomene? - Kan doo beh-skree-ve symp-toh-meh-neh - Can you describe the symptoms?
Er det noe som forverrer det? - Er deh noo-eh som for-ver-rer deh - Is there anything that makes it worse?
Takk for at du forteller meg dette - Takk for ah doo for-tel-ler my det-teh - Thank you for telling me this

Grammatical Examples

Hvor har du vondt? - Where do you hurt? (informal, singular)
Hvor har De vondt? - Where do you hurt? (formal, singular)
Hvor har dere vondt? - Where do you all hurt? (informal, plural)
Hvor har pasienten vondt? - Where does the patient hurt? (third person)

Practice Dialog

Kan du beskrive smertene for meg?

De er som en brennende følelse, og de kommer i bølger.
Er den konstant, eller kommer og går?
Den er verst om morgenen, men avtar litt gjennom dagen.

English translation:
Can you describe the pain for me?
It's like a burning sensation, and it comes in waves.
Is it constant, or does it come and go?
It's worst in the morning, but eases a bit throughout the day.

Practice Scenario
Lege: Hvor har du vondt?
Pasient: I brystet, en stikkende smerte.
Lege: På en skala fra en til ti?
Pasient: Kanskje en seks.
Lege: Starter det under anstrengelse? La oss ta en EKG for å sjekke. Fortell meg om andre symptomer. De gjennomgikk historien nøye for en sikker vurdering.

English translation:
Doctor: Where does it hurt?
Patient: In my chest, a stabbing pain.
Doctor: On a scale from one to ten? Patient: Maybe a six.
Doctor: Does it start during exertion? Let's do an ECG to check. Tell me about other symptoms. They reviewed the history carefully for a safe assessment.

PROVIDING REASSURANCE AND EMOTIONAL SUPPORT

Key Vocabulary
Det ordner seg - deh ORD-nehr seh - It will be alright
Jeg forstår - yai fohr-STOHR - I understand
Vi skal hjelpe dere - vee skahl YEHL-peh DEH-reh - We will help you
Ta det rolig - tah deh ROH-lig - Take it easy / Stay calm
Jeg er her for deg - yai ehr hehr fohr dai - I am here for you
Du er i trygge hender - doo ehr ee TRU-geh HEN-nehrs - You are in safe hands
Vi tar en ting om gangen - vee tahr ehn ting ohm GANG-ehn - We will take one thing at a time
Det er helt forståelig - deh ehr hehlt fohr-STOH-eh-lig - That is completely understandable
Du er modig - doo ehr MOH-dig - You are brave
Vi finner ut av dette sammen - vee FIN-nehr oot ahv DEH-teh SAH-mehn - We will figure this out together

Grammatical Examples
Vi skal gjøre alt vi kan for å hjelpe deg. - We will do everything we can to help you.
Vi skal gjøre alt vi kan for å hjelpe dere. - We will do everything we can to help you all.

Vi skal gjøre alt vi kan for å hjelpe Dem. - We will do everything we can to help you (formal).

Vi skal gjøre alt vi kan for å hjelpe henne. - We will do everything we can to help her.

Practice Dialog

Jeg ser at du er bekymret. Det er helt forståelig.

Takk for det. Jeg føler meg så usikker på hva som kommer til å skje.

Vi skal gjøre alt vi kan. Du er i trygge hender, og vi følger nøye med.

Det hjelper å høre. Takk for at du er her.

English translation:
I see that you are worried. That's completely understandable.

Thank you for that. I feel so uncertain about what's going to happen.

We will do everything we can. You are in safe hands, and we are monitoring you closely.

It helps to hear that. Thank you for being here.

Practice Scenario

Legen la en beroligende hånd på pasientens skulder. "Vi skal gjøre en grundig undersøkelse for å finne ut av dette. Du er i trygge hender." Pasienten nikket, anspentheten i ansiktet litt løst. "Takk," hvisket hun. "Det hjelper å høre det." Legen smilte varmt. "Vi følger opp sammen."

English translation: The doctor placed a reassuring hand on the patient's shoulder. "We will do a thorough examination to figure this out. You are in safe hands." The patient nodded, the tension in her face slightly eased. "Thank you," she whispered. "It helps to hear that." The doctor smiled warmly. "We will follow up together."

EXPLAINING DIAGNOSIS AND TREATMENT OPTIONS

Key Vocabulary

Hvordan har du det? - VOR-dan har doo deh - How are you feeling?

Vi må gjøre noen undersøkelser - vee maw YUR-eh NO-en OON-der-suhk-el-ser - We need to do some examinations.

Dette er diagnosen - DET-eh air dee-ag-NO-sen - This is the diagnosis.

La meg forklare behandlingsvalgene - lah my FOHR-klah-reh beh-HAND-lings-val-yeh-neh - Let me explain the treatment options.

Det er viktig å følge medisineringen - deh air VIK-tig aw FØL-geh meh-di-see-NEH-ring-en - It is important to follow the medication regimen.

Har du noen spørsmål? - har doo NO-en SPØRS-mawl - Do you have any questions?

Jeg anbefaler denne behandlingen - yai an-beh-FAH-ler DEN-neh beh-HAND-ling-en - I recommend this treatment.

Vi vil overvåke din tilstand - vee vil OH-ver-vaw-keh din TIL-stand - We will monitor your condition.

Det er viktig med hvile - deh air VIK-tig meh VEE-leh - Rest is important.

Tusen takk for tilliten - TOO-sen takk for til-LEE-ten - Thank you very much for your trust.

Grammatical Examples
Vi skal undersøke din smerte. - We will examine your pain.
Vi skal undersøke vondten din. - We will examine your pain.
Vi skal undersøke hodepinen din. - We will examine your headache.
Vi skal undersøke skaden din. - We will examine your injury.

Practice Dialog
Vi har funnet ut at du har diabetes type 2.
Det høres skummelt ut. Hva skjer nå?
Det betyr at vi må se på livsstilsendringer, som kosthold og mosjon, og vi har også gode medisiner som kan hjelpe.
Takk, det hjelper å ha en plan. Jeg er klar for å komme i gang.

English translation:
We have found out that you have type 2 diabetes.
That sounds scary. What happens now?
It means we need to look at lifestyle changes, like diet and exercise, and we also have good medications that can help.
Thank you, it helps to have a plan. I am ready to get started.

Practice Scenario
Legen sa: "Vi har funnet en godartet svulst. Den kan fjernes med en enkel operasjon, eller vi kan følge den med regelmessige ultralydsundersøkelser. Begge alternativene er trygge. Ta gjerne tid til å tenke og diskutere med familie. Jeg svarer på alle spørsmål." Pasienten nikket og ba om en tid til uken etter.

English translation: The doctor said: "We have found a benign tumor. It can be removed with a simple operation, or we can monitor it with regular ultrasound examinations. Both options are safe. Please take time to think and discuss with family. I will answer all your questions." The patient nodded and asked for an appointment the following week.

MEDICATION INSTRUCTIONS AND DOSAGE EXPLANATIONS

Key Vocabulary

Ta denne medisinen - TAH den-neh meh-dee-SEE-nen - Take this medicine
En tablett - en tah-BLETT - One tablet
To ganger om dagen - too GANG-er om DAH-gen - Two times a day
Etter måltid - ET-ter MOL-teed - After meals
Før måltid - fur MOL-teed - Before meals
Vær så snill - ver soh snill - Please
Dosering - doo-SEHR-ing - Dosage
Ved måltid - ved MOL-teed - With food
Legemiddel - LEH-geh-mid-del - Medicine
Vann - vahn - Water

Grammatical Examples

Ta denne medisinen én gang daglig. - Take this medicine once daily.
Ta denne medisinen to ganger daglig. - Take this medicine twice daily.
Ta denne medisinen tre ganger daglig. - Take this medicine three times daily.
Ta denne medisinen med mat. - Take this medicine with food.

Practice Dialog

Legemidlet skal tas én tablett hver morgen sammen med mat.
Skal jeg ta den til frokost hver dag, også i helgene?
Ja, helst på omtrent samme tid hver dag for jevn effekt.
Tusen takk, det er godt å ha det klart for seg.

English translation:
The medication is one tablet each morning with food.
Should I take it with breakfast every day, including weekends?
Yes, preferably around the same time every day for a consistent effect.
Thank you very much, it's good to have that clear.

Practice Scenario

"Pasienten forstår ikke doseringen. Jeg viser henne tablettene og sier: 'En tablett morgen og kveld i fem dager. Ta den sammen med mat.' Jeg sjekker at hun forstår ved å spørre henne om å gjenta instruksjonene. Hun gjentar dem nøyaktig. Jeg understreker viktigheten av full kur."

English translation: The patient doesn't understand the dosage. I show her the tablets and say: 'One tablet morning and evening for five days. Take it with food.' I check that she understands by asking her to repeat the instructions. She repeats them exactly. I emphasize the importance of the full course.

DISCHARGE INSTRUCTIONS AND FOLLOW-UP CARE

Key Vocabulary

Ta medisinene dine - tah meh-DEE-see-neh-neh dee-neh - Take your medications
Hvordan føler De seg? - VOR-dan FUH-ler Dee sai? - How are you feeling? (formal)
Kontakt legen - kon-TAKT LAY-gen - Contact the doctor
Søk legevakten - sük LAY-geh-vak-ten - Go to the emergency room
Hvil - vil - Rest
Drikk mye væske - drikk MYY-eh VES-keh - Drink plenty of fluids
Vennligst følg opp - VEN-ligst följ opp - Please follow up
Vær forsiktig - ver for-SHIK-tig - Be careful
Vær så snill å ringe oss - ver so snill å RING-e oss - Please call us
Vi ønsker deg god bedring - vi UHN-sker dai god beh-DRING - We wish you a speedy recovery

Grammatical Examples

Du må hvile deg hjemme. - You must rest at home. (informal)
De må hvile dere hjemme. - You must rest at home. (formal/plural)
Hun må hvile seg hjemme. - She must rest at home.
Han må hvile seg hjemme. - He must rest at home.

Practice Dialog

Legen har skrevet ut en henvisning til fysioterapi. Når bestiller

dere time?
Takk, det setter vi stor pris på. Vi ringer i morgen tidlig.
Bra. Husk å ta de vo voerte tablettene mot betennelse to ganger daglig i tre dager.
Det skal vi huske. Takk for hjelpen.

English translation:
The doctor has written a referral for physical therapy. When will you book the appointment?
Thank you, we really appreciate that. We will call tomorrow morning.
Good. Remember to take the white anti-inflammatory tablets twice daily for three days.
We will remember. Thank you for your help.

Practice Scenario
Etter operasjonen fikk du skriftlige utskrivningsinstrukser. Ta smertestillende ved behov og hold såret rent. Viktig å hvile de første dagene. Bestilte time til kontroll på poliklinikken om to uker. Ring legevakten ved feber over 38,5 eller økende smerter. Ta med alle medisiner til oppfølgingstimen.

English translation:
After the surgery, you received written discharge instructions. Take painkillers as needed and keep the wound clean. Important to rest the first few days. Booked an appointment for a check-up at the outpatient clinic in two weeks. Call the emergency room if fever exceeds 38.5 or pain increases. Bring all medications to the follow-up appointment.

END-OF-LIFE CONVERSATIONS AND PALLIATIVE CARE

Key Vocabulary

Smertebehandling - SMER-teh-beh-hand-ling - Pain management
Livetssluttsomsorg - LEE-vets-slutt-som-sorg - End-of-life care
Palliativ behandling - Pal-ee-ah-TEEV beh-hand-ling - Palliative treatment
Hvordan har du det? - VOR-dan har doo deh? - How are you doing?
Smerte - SMER-teh - Pain
Stille og ro - STIL-leh oh roo - Peace and quiet
Åndelig omsorg - ON-deh-lig om-sorg - Spiritual care
Respekt for pasientens ønsker - Res-PEKT for pah-see-EN-tens URN-sker - Respect for the patient's wishes
Når tiden kommer - Nor TEE-den kom-mer - When the time comes
Dere er ikke alene - DEH-reh er ik-keh ah-LEH-neh - You are not alone

Grammatical Examples

Vi skal gjøre din smertebehandling så god som mulig. - We will make your pain treatment as good as possible. (masculine/feminine noun: 'smertebehandling')
Vi skal gjøre ditt symptombilde så godt som mulig. - We will make your symptom picture as good as possible. (neuter noun:

'symptombilde')
Vi skal gjøre den medisinske behandlingen så god som mulig.
- We will make the medical treatment as good as possible. (masculine/feminine noun: 'behandlingen')
Vi skal gjøre det medisinske omsorgstilbudet så godt som mulig.
- We will make the medical care offer as good as possible. (neuter noun: 'omsorgstilbudet')

Practice Dialog
Vi har nådd et punkt hvor det beste fokuset er på livskvalitet og å være fri fra smerter.
Takk for at du er så ærlig. Hva kan vi forvente å skje de neste ukene?
Vi vil kontinuerlig tilpasse smertelindringen, og støttepersonell vil være tilgjengelig for både deg og familien din.
Det er en stor trøst å høre. Vi setter pris på all hjelpen.

English translation:
We have reached a point where the best focus is on quality of life and being free from pain.
Thank you for being so honest. What can we expect to happen in the coming weeks?
We will continuously adjust the pain management, and support staff will be available for both you and your family.
That is a great comfort to hear. We appreciate all the help.

Practice Scenario
Lege Knutsen snakket stille med familien. "Behandlingen har ikke virket. Nå må vi fokusere på livskvalitet og lindring." De diskuterte smertebehandling og hjemmesykepleie. Pasienten ønsket å være hjemme. "Vi skal sørge for at du har det komfortabelt," forsikret legen. Familien takket for den tydelige informasjonen og den medmenneskelige tilnærmingen.

English translation: Doctor Knutsen spoke quietly with the family. "The treatment hasn't worked. Now we must focus on quality of life and relief." They discussed pain management and home nursing care. The patient wished to be at home. "We will ensure you are comfortable," the doctor assured. The family thanked them for the clear information and the compassionate approach.

EMERGENCY SITUATIONS AND URGENT CARE COMMUNICATION

Key Vocabulary

Hvordan har du det? - VOR-dan har doo deh - How are you feeling?
Vær så snill, legg dere ned - ver soh snill, legg deh-reh ned - Please lie down.
Hvor gjør det vondt? - vor yur deh vont - Where does it hurt?
Jeg skal hjelpe deg - yai skahl YEL-peh dai - I am going to help you.
Slik tar vi blodtrykket ditt - slik tar vee bloo-trik-ket dit - This is how we take your blood pressure.
Trekk pusten dypt - trek POO-sten dipt - Take a deep breath.
Du er trygg her - doo er trigg her - You are safe here.
Unnskyld, vi må stille deg noen spørsmål - OON-shil, vee moh STIL-leh dai no-en spur-smohl - Excuse me, we need to ask you some questions.
Kan du fortelle meg hva som skjedde? - kan doo for-TEL-leh mai vah som SHED-deh - Can you tell me what happened?
Vi må ringe en pårørende - vee moh RING-eh en poh-rur-en-deh - We need to call a relative.

Grammatical Examples

Hvor vondt er det? - How much does it hurt? (neuter gender, e.g.,

et sted - a place)
Hvor vondt er det? - How much does it hurt? (masculine gender, e.g., en fot - a foot)
Hvor vondt er det? - How much does it hurt? (feminine gender, e.g., ei hånd - a hand)
Hvor vonde er de? - How much do they hurt? (plural, e.g., føttene - the feet)

Practice Dialog

Hvor lenge har han hatt disse brystsmertene?
I rundt tjue minutter, og han sier det gjør veldig vondt.
Vi må ta en EKG umiddelbart for å utelukke hjerteinfarkt.
Jeg forstår, vi gjør alt vi kan for å hjelpe ham.

English translation:
How long has he had these chest pains?
For about twenty minutes, and he says it hurts a lot.
We need to do an ECG immediately to rule out a heart attack.
I understand, we are doing everything we can to help him.

Practice Scenario

Ambulansen ankom. Pasienten, en eldre mann, hadde brystsmerter. "Hvor lenge har du hatt vondt?" spurte legen rolig. Mannen besvimte. "Vi må intubere! Klar foroverbøyning!" instruerte legen teamet. De stabiliserte ham raskt. Under transporten orienterte legen sykehuset om tilstanden og ankomsten. Kommunikasjonen var klar og effektiv.

English translation:
The ambulance arrived. The patient, an elderly man, had chest pain. "How long have you been in pain?" the doctor asked calmly. The man fainted. "We must intubate! Prepare for forward leaning!" the doctor instructed the team. They stabilized him quickly. During transport, the doctor briefed the hospital on the condition and arrival. The communication was clear and effective.

PHYSICAL EXAMINATION INSTRUCTIONS AND POSITIONING

Key Vocabulary

Vær så snill og sett deg opp - Vair soh snill oh set deh opp - Please sit up

Vær så snill og legg deg ned - Vair soh snill oh legg deh ned - Please lie down

Kan du stå opp? - Kan doo stoh opp? - Can you stand up?

Vær så snill og ta et dypt åndedrag - Vair soh snill oh tah eet düpt ohn-eh-drahg - Please take a deep breath

Vær så snill og pust ut - Vair soh snill oh poost oot - Please breathe out

Kan du vise meg hvor det gjør vondt? - Kan doo vee-seh my vohr deh yur vont? - Can you show me where it hurts?

Slapp av - Slapp ahv - Relax

Vær så snill og snu deg mot meg - Vair soh snill oh snoo deh moot my - Please turn towards me

Jeg skal nå lytte til hjertet ditt - Yai skall noh lüt-teh til yert-et deet - I am now going to listen to your heart

Takk for hjelpen - Tahk for yel-pen - Thank you for your help

Grammatical Examples

Vær så snill og legg Dem på ryggen. - Please lie on your back. (formal)

Vær så snill og legg deg på ryggen. - Please lie on your back. (informal)
Kan De være så snill og legge Dem på ryggen? - Could you please lie on your back? (formal)
Kan du være så snill og legge deg på ryggen? - Could you please lie on your back? (informal)

Practice Dialog

Kan du ligge på ryggen, være så snill?
Ja, selvfølgelig. Slik?
Perfekt. Jeg skal nå lytte til lungene dine.
Jeg skal puste rolig og dypt.

English translation:
Can you lie on your back, please?
Yes, of course. Like this?
Perfect. I will now listen to your lungs.
I will breathe calmly and deeply.

Practice Scenario

"Legg deg på ryggen, vær så snill. Vi skal undersøke magen. Jeg vil at du skal bøye knærne dine og legge føttene flatt på undersøkelsesbenken. Slapp helt av i musklene. Pusten rolig inn og ut. Jeg vil trykke lett her. Si i fra hvis det gjør vondt. Vi er snart ferdige."

English translation: "Lie on your back, please. We are going to examine your abdomen. I want you to bend your knees and place your feet flat on the examination table. Relax your muscles completely. Breathe calmly in and out. I will press lightly here. Tell me if it hurts. We will be finished soon."

LABORATORY TEST EXPLANATIONS AND RESULTS DISCUSSION

Key Vocabulary

Vi skal ta en blodprøve - Vee skahl tah en bloot-preh-veh - We are going to take a blood sample

Resultatene er klare - Reh-sul-TAH-teh-neh ehr KLAH-reh - The results are ready

Dette ser bra ut - DEH-teh sehr brah oot - This looks good

Vi må ta en ny prøve - Vee maw tah en nee preh-veh - We need to take a new sample

Verdien er normal - VEH-dee-en ehr nor-MAHL - The value is normal

Vær så snill, sitt rolig - Vær saw snill, sitt ROO-lig - Please, sit still

Det er litt forhøyet - Deh ehr litt for-HOY-eht - It is slightly elevated

Jeg vil følge dette opp - Yai vil FUL-geh DEH-teh op - I would like to follow up on this

Tusen takk for din tålmodighet - TOO-sen tahk for deen TOHL-moo-dee-hait - Thank you very much for your patience

Unnskyld for ventetiden - OON-shil for VEN-teh-tee-den - Apologies for the waiting time

Grammatical Examples

Vi har fått tilbake prøveresultatene dine. - We have received your test results (informal, masculine/feminine).

Vi har fått tilbake prøveresultatene deres. - We have received

your test results (formal/plural).
Jeg skal gå gjennom prøveresultatene dine med deg. - I will go through your test results with you (informal, masculine/feminine).
Jeg skal gå gjennom prøveresultatene deres med Dem. - I will go through your test results with you (formal).

Practice Dialog
Vi har fått tilbake resultatene fra blodprøvene dine.
Var det noe spesielt der?
ALT-verdien din er litt forhøyet, så vi bør ta en ultralyd av leveren for å sjekke nærmere.
Takk for at du forklarer. Når kan vi planlegge ultralyden?

English translation:
We have received the results from your blood tests.
Was there anything particular there?
Your ALT level is slightly elevated, so we should do an ultrasound of the liver to investigate further.
Thank you for explaining. When can we schedule the ultrasound?

Practice Scenario
Laboratorieprøvene viser at blodsukkeret ditt er for høyt. Dette kalles diabetes type 2. Vi må snakke om livsstilsendringer og eventuell medisinering. Det er viktig å følge opp med jevne mellomrom for å unngå senkomplikasjoner. Har du noen spørsmål til resultatene eller tiltakene vi foreslår?

English translation:
The laboratory tests show that your blood sugar is too high. This is called type 2 diabetes. We need to talk about lifestyle changes and possibly medication. It is important to follow up at regular intervals to avoid late complications. Do you have any questions about the results or the measures we suggest?

IMAGING STUDIES PREPARATION AND RESULTS

Key Vocabulary

Vi skal ta et bilde - Vee skahl tah eht BIL-deh - We are going to take an image

Legg deg ned her - Lehg day nehd hehr - Lie down here please

Vær så snill og ligg helt stille - Vahr saw snill oh lig helt STIL-leh - Please lie completely still

Du kan puste normalt nå - Doo kahn POOS-teh nor-MAHLT naw - You can breathe normally now

Resultatene er klare - Reh-suhl-TAH-teh-neh ehr KLAH-reh - The results are ready

Røntgenbildet - RUHNT-gen-bil-deh - The X-ray image

Ultralydundersøkelsen - OOL-trah-lewd-oon-ehr-suh-kel-sen - The ultrasound examination

MR-undersøkelsen - EM-air-oon-ehr-suh-kel-sen - The MRI examination

Det ser bra ut - Deh sehr brah oot - It looks good

Vi må ta flere bilder - Vee maw tah FLEH-reh BIL-deh-r - We need to take more images

Grammatical Examples

Vi må forberede deg på MR-undersøkelsen. - We must prepare you for the MRI scan.

Vi må forberede pasienten på MR-undersøkelsen. - We must prepare the patient for the MRI scan.

Vi må forberede ham på MR-undersøkelsen. - We must prepare him for the MRI scan.

Vi må forberede henne på MR-undersøkelsen. - We must prepare her for the MRI scan.

Practice Dialog

Vi har fått MR-resultatene tilbake. Bildene viser en prolaps i lumbalregionen.

Det forklarer smerteene. Hva blir neste steg?

Vi starter med fysioterapi og antiinflammatoriske medisiner.

Takk, det er godt å få en klar plan.

English translation:

We have received the MRI results. The images show a prolapse in the lumbar region.

That explains the pain. What is the next step?

We will start with physical therapy and anti-inflammatory medication.

Thank you, it's good to have a clear plan.

Practice Scenario

Pasienten forberedte seg til MR-undersøkelsen ved å faste. Radiologen vurderte bildene nøye og oppdaget en unormal struktur. Legen diskuterte de tidlige funnene med pasienten på en tydelig og ærlig måte, understreket behovet for flere tester for en presis diagnose. De avtalte en oppfølgings time for å gå gjennom de endelige resultatene.

English translation: The patient prepared for the MRI scan by fasting. The radiologist assessed the images carefully and discovered an abnormal structure. The doctor discussed the preliminary findings with the patient in a clear and honest manner, emphasizing the need for more tests for a precise diagnosis. They scheduled a follow-up appointment to review the final results.

SURGICAL CONSULTATION AND PRE-OPERATIVE DISCUSSION

Key Vocabulary

Vi skal operere - Vee skahl oh-peh-REER-eh - We are going to operate

Operasjonen - oh-peh-rah-SHOON-en - The operation

Narkose - nar-KOH-seh - Anesthesia

Smerter - SMAR-ter - Pains

Sykepleier - SYKE-plee-er - Nurse

Før operasjonen - fur oh-peh-rah-SHOON-en - Before the operation

Etter operasjonen - ET-ter oh-peh-rah-SHOON-en - After the operation

Spørsmål - SPURS-mohl - Questions

Vennligst signer - VEN-ligst SIGN-er - Please sign

Fastende - FAH-sten-deh - Fasting

Grammatical Examples

Vi skal gjennomføre operasjonen deres i morgen. - We will perform your operation tomorrow.

Vi skal gjennomføre operasjonen din i morgen. - We will perform your operation tomorrow.

Vi skal gjennomføre operasjonen hans i morgen. - We will perform his operation tomorrow.

Vi skal gjennomføre operasjonen hennes i morgen. - We will perform her operation tomorrow.

Practice Dialog

Vi har vurdert saken nøye, og vi anbefaler en minimalinvasiv operasjon for å fjerne galdeblæren.
Er det noen spesielle risikoer eller komplikasjoner jeg bør være klar over?
Som ved alle inngrep, er det en svært liten risiko for infeksjon eller blødning, men dette er en rutineoperasjon vi utfører ofte.
Takk for informasjonen. Hva er neste steg når det gjelder forberedelser før operasjonen?

English translation:
We have evaluated the case carefully, and we recommend a minimally invasive operation to remove the gallbladder.
Are there any specific risks or complications I should be aware of?
As with all procedures, there is a very small risk of infection or bleeding, but this is a routine operation we perform often.
Thank you for the information. What is the next step regarding preparations before the operation?

Practice Scenario

Kirurgen forklarte operasjonen tydelig for pasienten. De gjennomgikk risikovurderingen og narkosealternativer. Pasienten forstod behovet for inngrepet og ga sitt samtykke. De ble enige om en plan for preoperativ utredning og etteroperativ smertebehandling. Alle spørsmål ble besvart før konsultasjonen avsluttet.

English translation:
The surgeon explained the procedure clearly to the patient. They reviewed the risk assessment and anesthesia options. The patient understood the need for the procedure and gave their consent. They agreed on a plan for preoperative workup and postoperative pain management. All questions were answered before the consultation ended.

POST-OPERATIVE CARE AND RECOVERY INSTRUCTIONS

Key Vocabulary
Hvordan har du det? - VOR-dan har doo deh - How are you feeling?
Smerter - SMER-ter - Pain
Smertefri - SMER-teh-free - Pain-free
Hvile - VEE-leh - Rest
Sår - Sohr - Wound
Sårvæske - Sohr-ves-keh - Wound fluid
Vondt - Vont - Painful / Sore
Vennligst - VEN-ligst - Please
Stille spørsmål - STIL-leh SPURS-mahl - To ask questions
Takk for at du spør - Tahk for ah doo spur - Thank you for asking

Grammatical Examples
Det er viktig at du hviler. - It is important that you rest.
Det er viktig at De hviler. - It is important that you rest (formal).
Det er viktig at pasienten hviler. - It is important that the patient rests.
Det er viktig at dere hviler. - It is important that you (plural) rest.

Practice Dialog
Du har nettopp fått fjernet visdomstannen, så du må hvile deg i dag.
Unngå varm mat og drikke, og spis bare mye mat i det første døgnet.

Hva gjør jeg hvis det begynner å blø?
Bare bite ned på gazen jeg ga deg i 20 minutter, og ring oss hvis det ikke stopper.

English translation:
You just had your wisdom tooth removed, so you must rest today.
Avoid hot food and drinks, and only eat soft foods for the first 24 hours.
What should I do if it starts to bleed?
Just bite down on the gauze I gave you for 20 minutes, and call us if it doesn't stop.

Practice Scenario

Etter operasjonen ga legen klare instrukser: "Dere må hvile, men gå korte turer hjemme. Vær obs på tegn til infeksjon ved såret. Ta smertestillende regelmessig. Spis lett kost og drikk nok væske." Pasienten og pårørende hørte oppmerksomt etter for å følge rådene nøye og sikre en god og trygg rekonvalesens.

English translation:
After the surgery, the doctor gave clear instructions: "You must rest, but take short walks at home. Be aware of signs of infection at the wound. Take painkillers regularly. Eat light meals and drink enough fluids." The patient and relatives listened attentively to follow the advice carefully and ensure a good and safe recovery.

CHRONIC DISEASE MANAGEMENT AND LIFESTYLE COUNSELING

Key Vocabulary
Kronisk sykdom - KROH-nisk SUK-dom - Chronic disease
Behandlingsplan - beh-HAND-lings-plahn - Treatment plan
Medisinering - meh-di-si-NEH-ring - Medication
Livsstilsendring - LIFS-stil-sen-dring - Lifestyle change
Kosthold - KOST-hold - Diet
Fysisk aktivitet - FY-sisk ak-ti-vi-TET - Physical activity
Symptomer - symp-TOH-mer - Symptoms
Hvordan går det? - VOR-dan gor deh? - How is it going? (Respectful inquiry)
Smerter - SMÆR-ter - Pains
Vi jobber sammen med dette - vi YOB-ber SAM-men med DEH-te - We will work on this together

Grammatical Examples
Det er viktig at du tar medisinene dine. - It is important that you take your medicines. (informal, du)
Det er viktig at De tar medisinene Deres. - It is important that you take your medicines. (formal, De)
Det er viktig at han tar medisinene sine. - It is important that he takes his medicines.
Det er viktig at hun tar medisinene sine. - It is important that

she takes her medicines.

Practice Dialog

Vi har sett på resultatene, og det er viktig å få mer kontroll på blodsukkeret.
Hva kan vi gjøre annerledes?
La oss gå gjennom kostholdet ditt og se om vi kan finne noen enkle justeringer.
Ja, for eksempel, jeg drikker mye juice. Kanskje bytte til vann?

English translation:
We have looked at the results, and it is important to get better control of your blood sugar.
What can we do differently?
Let's go through your diet and see if we can find some simple adjustments.
Yes, for example, I drink a lot of juice. Maybe switch to water?

Practice Scenario

Lege: "Diabetesen din krever daglig oppfølging. La oss se på kostholdet ditt og planlegge trening som passer for deg." Pasienten nikker. De diskuterer praktiske løsninger for å tilpasse matvaner og fysisk aktivitet. Legen understreker at små, varige endringer har stor betydning for langsiktig helse og bedre livskvalitet.

English translation: Doctor: "Your diabetes requires daily management. Let's review your diet and plan exercise that suits you." The patient nods. They discuss practical solutions for adapting eating habits and physical activity. The doctor emphasizes that small, lasting changes are significant for long-term health and better quality of life.

PREVENTIVE CARE AND HEALTH SCREENING DISCUSSIONS

Key Vocabulary

Hvordan har du det? - VOR-dan har doo deh? - How are you feeling?
Forebygging - for-eh-BIG-ing - Prevention
Helseundersøkelse - HEL-seh-un-er-søk-el-seh - Health check-up
Blodprøve - BLOOD-prø-veh - Blood test
Kreftscreeningsundersøkelse - KREFT-screen-ings-un-er-søk-el-seh - Cancer screening examination
Vaksine - vak-SEE-neh - Vaccine
Kosthold - KOST-hill - Diet
Smerte - SMER-teh - Pain
Til å begynne med - til o beh-YIN-neh meh - To start with
Det er helt konfidensielt - deh er helt kon-fi-den-si-ELLT - It is completely confidential

Grammatical Examples

Vi anbefaler en årlig helsesjekk for alle voksne. - We recommend an annual health check for all adults.
Vi anbefaler en årlig helsesjekk for alle unge. - We recommend an annual health check for all young people.
Vi anbefaler en årlig helsesjekk for alle eldre. - We recommend an annual health check for all elderly people.

Vi anbefaler en årlig helsesjekk for alle pasienter. - We recommend an annual health check for all patients.

Practice Dialog

Vi har tilbud om helsesjekk for alle over 40 år. Er det noe spesifikt du er bekymret for?

Nei, ikke egentlig. Jeg føler meg frisk, men det er kanskje lurt å sjekke blodtrykk og kolesterol likevel?

Det er en veldig god idé. Forebygging er det beste medisinet. Jeg skal skrive en henvisning til blodprøver.

Tusen takk. Da føler jeg at jeg tar et aktivt valg for egen helse.

English translation:
We offer health screenings for everyone over 40. Is there anything specific you are concerned about?

No, not really. I feel healthy, but it might be a good idea to check my blood pressure and cholesterol anyway?

That is a very good idea. Prevention is the best medicine. I will write a referral for blood tests.

Thank you very much. Then I feel like I am making an active choice for my own health.

Practice Scenario

"Etter din alder anbefaler jeg årlig helsesjekk," sa legen. "Vi kan måle blodtrykk og ta blodprøver for å screene for høyt kolesterol og diabetes. Det er viktig forebyggende arbeid. Hvordan føler du deg til det?" Pasienten nikket. "Det høres fornuftig ut. Jeg tar gjerne en time." De booket en avtale for en grundig undersøkelse.

English translation: "Given your age, I recommend an annual health check," said the doctor. "We can measure your blood pressure and take blood tests to screen for high cholesterol and diabetes. It's important preventive work. How do you feel about that?" The patient nodded. "That sounds sensible. I'd like to book an appointment." They booked an appointment for a thorough examination.

MENTAL HEALTH ASSESSMENT AND COUNSELING

Key Vocabulary
Hvordan har du det? - VOR-dan har doo deh - How are you doing?
Sinnslidelse - SINN-slee-del-se - Mental illness
Depresjon - dep-reh-SHOON - Depression
Angst - ANGST - Anxiety
Selvmordstanker - SEL-vmords-tan-ker - Suicidal thoughts
Behandlingsplan - be-HAND-lings-plahn - Treatment plan
Psykisk helse - PSY-kisk HEL-se - Mental health
Symptomer - symp-TOH-mer - Symptoms
Fortrolighet - for-TROO-li-heyt - Confidentiality
Støtte og rådgiving - STUH-teh oh ROD-gi-ving - Support and counseling

Grammatical Examples
Hvordan føler De seg? - How do you feel? (formal)
Hvordan føler du deg? - How do you feel? (informal)
Hvordan har De det? - How are you? (formal)
Hvordan har du det? - How are you? (informal)

Practice Dialog
Hvordan har du hatt det siden forrige gang?
Det har vært litt opp og ned, men jeg sover litt bedre nå.
Det er godt å høre. Vil du fortelle litt mer om de vanskelige stundene?
Ja, det føles som om tankene mine løper i sirkler, særlig om

kvelden.

English translation:
How have you been since last time?
It's been a bit up and down, but I'm sleeping a little better now.
That's good to hear. Would you like to tell me a bit more about the difficult times?
Yes, it feels like my thoughts are running in circles, especially in the evening.

Practice Scenario

Lege: "Hvordan har du det egentlig?" Pasienten trekker pusten. "Jeg sliter med søvnen og har lite energi." Legen lytter oppmerksomt. De avtaler en time til videre samtale og vurdering. "Det er bra at du kom i dag," sier legen. "Vi skal finne ut av dette sammen."

English translation:
Doctor: "How are you really doing?" The patient takes a breath. "I struggle with sleep and have little energy." The doctor listens attentively. They schedule an appointment for further conversation and assessment. "It's good that you came today," says the doctor. "We will figure this out together."

PEDIATRIC COMMUNICATION WITH CHILDREN AND PARENTS

Key Vocabulary
Hallo - HAH-loh - Hello
Hvordan har du det? - VOR-dan har doo deh - How are you feeling?
Vær så snill - vehr soh sneel - Please
Takk skal du ha - tahk skahl doo hah - Thank you
Unnskyld - OON-shil - Excuse me / I'm sorry
Litt vondt - lit vont - A little hurt / sore
Bra jobbet! - brah YOB-beht - Good job!
Jeg skal hjelpe deg - yai skahl YEL-peh dai - I am going to help you
Først og fremst - furst oh FREMST - First and foremost
Til sammen - til SAH-mehn - Together

Grammatical Examples
Vi skal undersøke henne nå. - We are going to examine her now.
Vi skal undersøke ham nå. - We are going to examine him now.
Vi skal undersøke barnet nå. - We are going to examine the child now.
Vi skal undersøke dem nå. - We are going to examine them now.

Practice Dialog
Hei, jeg heter doktor Hansen. Hvordan går det med deg i dag?

Jeg har litt vondt i magen.
Vi skal undersøke deg forsiktig, og mamma kan være her hele tiden.
Tusen takk, det er godt å høre.

English translation:
Hello, my name is Doctor Hansen. How are you feeling today?
I have a bit of a sore tummy.
We will examine you gently, and mom can stay here the whole time.
Thank you so much, that's good to hear.

Practice Scenario
Legen huket seg ned for å snakke med den fem år gamle pasienten. "Skal vi se på øret ditt med min lykt?" Hun snakket sakte og tydelig med både barnet og foreldrene. "Vi kan bruke dråper mot ørebetennelsen." Hun forsikret seg om at alle forstod planen og inviterte til spørsmål for å skape tillit og trygghet.

English translation:
The doctor crouched down to speak with the five-year-old patient. "Shall we look in your ear with my light?" She spoke slowly and clearly with both the child and the parents. "We can use drops for the ear infection." She ensured everyone understood the plan and invited questions to build trust and security.

GERIATRIC CARE AND AGE-RELATED HEALTH ISSUES

Key Vocabulary
Hvordan har De det? - VOR-dan har dee deh? - How are you? (Formal)
Smerter - SMAREH-ter - Pains
Fall - fahl - Fall
Hukommelse - hoo-KOM-mehl-seh - Memory
Balanse - bah-LAHN-seh - Balance
Medisin - meh-dee-SEEN - Medicine
Bevegelse - beh-VAY-ehl-seh - Movement
Søvn - søvn - Sleep
Stell - stell - Care / Personal care
Tilbakevendende - til-BAH-keh-ven-dehn-deh - Recurring

Grammatical Examples
Hun trenger hjelp til å ta sin medisin. - She needs help to take her medicine.
Han trenger hjelp til å ta sin medisin. - He needs help to take his medicine.
De trenger hjelp til å ta sin medisin. - They need help to take their medicine.
Jeg trenger hjelp til å ta min medisin. - I need help to take my medicine.

Practice Dialog
Vi har sett en nedgang i hennes funksjonsnivå siden forrige

konsultasjon.

Ja, hun har blitt svakere og er mer forvirret om kvelden.

La oss justere medisinene og vurdere en fysioterapitime for å støtte hennes mobilitet.

Takk, det setter vi stor pris på. Vi vil følge nøye med på hennes tilstand.

English translation:
We have seen a decline in her functional level since the last consultation.

Yes, she has become weaker and is more confused in the evenings.

Let's adjust the medication and consider a physiotherapy session to support her mobility.

Thank you, we appreciate that very much. We will monitor her condition closely.

Practice Scenario

Herr Pedersen, 84, ble innlagt for forvirring og fall. Legen oppdaget dehydrering og et urinveisinfeksjon. Et grundig medisinsk gjennomgang avdekket også polyfarmasi. Legen snakket rolig med pasienten og familien om behovet for en enklere medisinliste og tiltak for å forebygge flere fall, og understreket viktigheten av regelmessig drikke.

English translation:
Mr. Pedersen, 84, was admitted for confusion and a fall. The doctor discovered dehydration and a urinary tract infection. A thorough medical review also uncovered polypharmacy. The doctor spoke calmly with the patient and family about the need for a simpler medication list and measures to prevent further falls, emphasizing the importance of regular fluid intake.

CARDIOLOGY CONSULTATIONS AND HEART CONDITIONS

Key Vocabulary
Hjertet - YER-teh - The heart
Hjerteinfarkt - YER-teh-in-farkt - Heart attack
Hjerterytme - YER-teh-ryt-meh - Heart rhythm
Blodtrykk - BLOO-dtrykk - Blood pressure
Puls - Puhls - Pulse
Brystsmerter - BRYST-smer-ter - Chest pain
Åndedrett - ON-neh-drett - Breathing
Legemiddel - LEH-geh-midd-el - Medication
Behandling - Beh-HAND-ling - Treatment
Takk for at du kommer i dag - Tukk for at doo KOMM-er ee dahg - Thank you for coming in today

Grammatical Examples
Hjertet ditt er sterkt. - Your heart is strong (neuter, informal)
Lunga di er sterk. - Your lung is strong (feminine, informal)
Hjertet Deres er sterkt. - Your heart is strong (neuter, formal)
Lunga Deres er sterk. - Your lung is strong (feminine, formal)

Practice Dialog
Vi har fått tilbake resultatene fra hjertekateteriseringen, og de viser en betydelig forsnevring.
Hva betyr det for min framtidige hjertehelse?
Vi anbefaler en stent-implantasjon for å åpne igjen blodåren. Dette vil redusere risikoen for hjerteinfarkt.

Tusen takk for tydelig informasjon. Vi føler oss trygge på dette forslaget.

English translation:
We have received the results from the heart catheterization, and they show a significant narrowing.
What does that mean for my future heart health?
We recommend a stent implantation to reopen the blood vessel. This will reduce the risk of a heart attack.
Thank you for the clear information. We feel confident about this suggestion.

Practice Scenario
Hjertespesialisten lytter til pasientens hjerterytme. "De har atrial fibrillering," sier hun rolig. Hun forklarer behovet for blodfortynnende medisiner og en plan for kardioversjon. Pasienten forstår og stiller spørsmål om medisinering og livsstilsendringer. De booker en oppfølging for å overvåke progresjonen sammen.

English translation:
The cardiologist listens to the patient's heart rhythm. "You have atrial fibrillation," she says calmly. She explains the need for blood thinners and a plan for cardioversion. The patient understands and asks questions about medication and lifestyle changes. They book a follow-up to monitor the progression together.

PULMONOLOGY AND RESPIRATORY DISORDERS

Key Vocabulary
Åndedrett - ON-neh-drett - Breathing
Pustevansker - POO-steh-vahn-skehr - Breathing difficulties
Hoste - HOS-teh - Cough
Lungeundersøkelse - LUNG-eh-oon-dehr-suh-kehrl-seh - Lung examination
Stetoskop - steh-toh-SKOHP - Stethoscope
Oksygen - ok-sy-GEHN - Oxygen
Astma - AST-mah - Asthma
KOLS - KOLS - COPD (Chronic Obstructive Pulmonary Disease)
Lungekreft - LUNG-eh-kreft - Lung cancer
Hvordan har De det i dag? - VOR-dan har Dee deh i dahg? - How are you feeling today?

Grammatical Examples
Lungen er svak. - The lung is weak. (masculine noun)
Lunga er svak. - The lung is weak. (feminine noun)
Nesa er svak. - The nose is weak. (feminine noun)
Halsen er svak. - The throat is weak. (masculine noun)

Practice Dialog
Vi har fått tilbake røntgenbildene, og de viser tegn på lungebetennelse.
Hva betyr det for behandlingen?
Vi starter umiddelbart på antibiotika, og du må hvile mye.

Takk, skal vi kontakte legen igjen om noen dager?

English translation:
We have received the X-rays back, and they show signs of pneumonia.
What does that mean for the treatment?
We will start antibiotics immediately, and you need to rest a lot.
Thank you, should we contact the doctor again in a few days?

Practice Scenario
Legen lytter til pasientens lunger og oppdager svake vesikulære åndedrettslyder. Spirometritesten viser obstruktiv lungesykdom. De diskuterer en individuell behandlingsplan med inhalasjonsmedisin og fysisk trening. Legen forklarer nøye teknikken for å sikre riktig bruk og bedre lungens funksjon, og understreker viktigheten av regelmessig oppfølging.

English translation:
The doctor listens to the patient's lungs and detects weak vesicular breath sounds. The spirometry test shows obstructive lung disease. They discuss an individual treatment plan with inhalation medicine and physical training. The doctor carefully explains the technique to ensure correct use and improve lung function, emphasizing the importance of regular follow-up.

GASTROENTEROLOGY AND DIGESTIVE SYSTEM ISSUES

Key Vocabulary
Mage - MAH-geh - Stomach
Tarm - TARM - Intestine
Fordøyelse - for-DOY-el-seh - Digestion
Smerte - SMER-teh - Pain
Kvalme - KVAL-meh - Nausea
Oppkast - OP-kast - Vomiting
Diaré - dee-ah-REH - Diarrhea
Avføring - AV-føh-ring - Stool/Bowel movement
Blødning - BLØD-ning - Bleeding
Undersøkelse - un-der-SØK-el-seh - Examination

Grammatical Examples
Jeg skal undersøke magen din. - I will examine your stomach (informal, masculine/feminine noun)
Jeg skal undersøke maven din. - I will examine your stomach (informal, masculine noun)
Jeg skal undersøke magen deres. - I will examine your stomach (formal/plural)
Jeg skal undersøke maven deres. - I will examine your stomach (formal/plural, masculine noun)

Practice Dialog
Vi har sett på alle prøvene, og det ser ut som det er en betennelse i mageslimhinnen.

Takk, er det noe alvorlig? Må han opereres?
Nei, medisin og litt tilpasset diett vil nok hjelpe. Vi følger dere opp om to uker.
Tusen takk, det var godt å høre.

English translation:
We have reviewed all the tests, and it looks like an inflammation of the stomach lining.
Thank you, is it serious? Will he need surgery?
No, medicine and a slightly adjusted diet should help. We will follow up with you in two weeks.
Thank you so much, that's good to hear.

Practice Scenario
Lege: "Hvordan har De det?" Pasienten beskriver kroniske magesmerter og forstoppelse. Legen utfører en forsiktig abdominalpalpasjon. "Vi tar en blodprøve og skal vurdere en gastroskopi for å se nærmere på magesekken. Det er viktig å finne årsaken." Pasienten nikker, lettet over en grundig utredning.

English translation:
Doctor: "How are you?" The patient describes chronic stomach pains and constipation. The doctor performs a gentle abdominal palpation. "We will take a blood test and consider a gastroscopy to examine the stomach more closely. It is important to find the cause." The patient nods, relieved by a thorough investigation.

ENDOCRINOLOGY AND DIABETES MANAGEMENT

Key Vocabulary

Diabetes - dee-ah-BEH-tehs - Diabetes
Blodsukker - BLOOD-soo-ker - Blood sugar
Insulin - in-suh-LEEN - Insulin
Tabletter - tah-BLET-ter - Tablets
Kosthold - KOST-holl - Diet
Vekt - VEKT - Weight
Hvor føler du deg? - vor FØHL-er doo dai? - How do you feel?
Legemidler - LAY-eh-meed-ler - Medications
Blodtrykk - BLOOD-trikk - Blood pressure
Beinmarg - BAIN-marg - Bone marrow

Grammatical Examples

Vi skal justere insulinet ditt. - We will adjust your insulin (informal, singular).
Vi skal justere insulinet deres. - We will adjust your insulin (formal/plural).
De må justere insulinet sitt. - You must adjust your insulin (formal, singular).
Dere må justere insulinet deres. - You must adjust your insulin (informal, plural).

Practice Dialog

Hvordan har det gått med å holde deg til blodsukkermålingene etter måltidene?

Det har vært vanskelig å huske det hver gang, men jeg prøver å skrive det ned.
Det er en god start. Kan du vise meg loggen din så vi kan se på trendene sammen?
Ja, selvfølgelig. Jeg la merke til at verdiene stiger mye etter frokost.

English translation:
How has it been going with keeping to your blood sugar measurements after meals?
It has been difficult to remember it every time, but I try to write it down.
That's a good start. Can you show me your log so we can look at the trends together?
Yes, of course. I noticed that the values rise a lot after breakfast.

Practice Scenario
Legekontoret. Pasienten med type 2-diabetes følger glukoseverdiene nøye. Endokrinologen gjennomgår loggboken og anbefoner justering av medisiner og kosthold. De diskuterer også trening for å forbedre insulinfølsomheten. En ny oppfølging avtales for å sikre en bedre regulering av blodsukkeret og forebygge senkomplikasjoner.

English translation:
The doctor's office. The patient with type 2 diabetes monitors their glucose values closely. The endocrinologist reviews the logbook and recommends adjustments to medication and diet. They also discuss exercise to improve insulin sensitivity. A new follow-up is scheduled to ensure better blood sugar control and prevent long-term complications.

NEPHROLOGY AND KIDNEY DISEASE DISCUSSIONS

Key Vocabulary

Nyrer - NEE-rer - Kidneys
Nyresvikt - NEE-reh-sveekt - Kidney failure
Dialyse - dee-ah-LEE-seh - Dialysis
Blodtrykk - BLOOD-treek - Blood pressure
Urinprøve - oo-REEN-prø-veh - Urine sample
Blodprøve - BLOOD-prø-veh - Blood test
Medisin - meh-dee-SEEN - Medicine
Behandling - beh-HAND-ling - Treatment
Hvordan har De det? - VOR-dan har Deh deh? - How are you? (formal)
Tusen takk for hjelpen - TOO-sen tahk for YEL-pen - Thank you very much for your help

Grammatical Examples

Vi skal teste nyrefunksjonen din. - We are going to test your kidney function.
Vi skal teste blodtrykket ditt. - We are going to test your blood pressure.
Vi skal teste blodsukkeret ditt. - We are going to test your blood sugar.
Vi skal teste urinprøven din. - We are going to test your urine sample.

Practice Dialog

Vi har fått tilbake resultatene fra blodprøvene. Kreatininnivået ditt er forhøyet, noe som tyder på at nyrefunksjonen er redusert.
Hva betyr det for meg? Må jeg begynne på dialyse?
Det er for tidlig å si. Vi vil starte med medisiner og kostholdsendringer for å avlaste nyrene. Vi setter opp en kontroll om fire uker.
Takk, det setter jeg stor pris på. Jeg føler meg litt tryggere nå på at vi har en plan.

English translation:
We have received the results from your blood tests. Your creatinine level is elevated, which indicates reduced kidney function.
What does that mean for me? Will I need to start dialysis?
It's too early to say. We will start with medication and dietary changes to relieve the strain on your kidneys. We will schedule a follow-up in four weeks.
Thank you, I really appreciate that. I feel a bit more secure now that we have a plan.

Practice Scenario

Lege: "Dagens blodprøver viser at nyrefunksjonen er stabil. Vi fortsetter med blodtrykksmedisinen. Har du noen spørsmål om dialysebehandlingen?" Pasienten: "Takk, det var godt å høre. Jeg følger nøye med på væskeinntaket og kostholdet." Lege: "Bra. Vi følger opp neste uke."

English translation:
Doctor: "Today's blood tests show your kidney function is stable. We'll continue the blood pressure medication. Any questions about the dialysis treatment?" Patient: "Thank you, that's good to hear. I'm carefully monitoring my fluid intake and diet." Doctor: "Good. We'll follow up next week."

RHEUMATOLOGY AND AUTOIMMUNE CONDITIONS

Key Vocabulary
Reumatisme - reh-oo-mah-TIS-meh - Rheumatism
Autoimmun sykdom - ow-toh-ih-MOON SYK-dohm - Autoimmune disease
Hvordan har du det? - VOR-den har doo deh? - How are you doing?
Smerte - SMEH-teh - Pain
Leddsmerter - YED-smæh-ter - Joint pain
Stivhet - STEEV-hayt - Stiffness
Betennelse - beh-TEN-nel-seh - Inflammation
Medisin - meh-deh-SEEN - Medicine
Bivirkninger - BEE-veer-kning-er - Side effects
Tusen takk - TOO-sen tahk - Thank you very much

Grammatical Examples
Vi skal teste deg for revmatoid artritt. - We will test you for rheumatoid arthritis (informal, singular).
Vi skal teste henne for revmatoid artritt. - We will test her for rheumatoid arthritis.
Vi skal teste dem for revmatoid artritt. - We will test them for rheumatoid arthritis.
Vi skal teste dere for revmatoid artritt. - We will test you (plural) for rheumatoid arthritis.

Practice Dialog

Vi har fått tilbake resultatene fra blodprøvene dine, og de viser at betennelsesverdiene er forhøyet.
Det forklarer smerte og stivhet i leddene. Skal vi gå gjennom behandlingsalternativene sammen?
Ja, takk. Jeg ønsker en behandling som gjør at jeg kan være mest mulig aktiv i hverdagen.
Godt. La oss starte med en ny vurdering av medikamentene du bruker, for å finne det som passer best for deg akkurat nå.

English translation:
We have received the results of your blood tests, and they show that your inflammatory markers are elevated.
That explains the pain and stiffness in your joints. Shall we go through the treatment options together?
Yes, please. I want a treatment that allows me to be as active as possible in my daily life.
Good. Let's start with a new assessment of the medications you are using, to find what works best for you right now.

Practice Scenario
Hun beskriver leddsmerter og utmattelse. Blodprøver viser forhøyet antistoffnivå. Legen forklarer at det er en autoimmun tilstand der kroppen angriper seg selv. De diskuterer en behandlingsplan for å dempe symptomer og bremse sykdommen. Pasienten forstår at oppfølging er viktig for å ivareta funksjonsevne og livskvalitet på sikt.

English translation:
She describes joint pain and fatigue. Blood tests show elevated antibody levels. The doctor explains that it is an autoimmune condition where the body attacks itself. They discuss a treatment plan to alleviate symptoms and slow the disease. The patient understands that follow-up is important to maintain function and quality of life long-term.

HEMATOLOGY AND BLOOD DISORDERS

Key Vocabulary
Blodprøve - blod-PRUR-veh - Blood test
Blodmangel - blod-MANG-el - Anemia
Blodpropp - blod-PROP - Blood clot
Blødningsforstyrrelse - BLURD-nings-for-stur-rel-seh - Bleeding disorder
Hvit blodcelle - vit blod-SEL-leh - White blood cell
Blodkreft - blod-KREFT - Blood cancer (Leukemia/Lymphoma)
Blodtrykk - blod-TRYKK - Blood pressure
Blodgruppe - blod-GRUP-peh - Blood type
Blodfortynnende medisin - blod-for-TYN-neh-nde meh-di-SEEN - Blood thinning medication
Vi må ta en blodprøve for å sjekke verdiene - vee maw tah en blod-PRUR-veh for aw SHEK-eh ver-dee-eh-neh - We need to take a blood test to check the levels

Grammatical Examples
Vi skal teste blodet ditt for anemi. - We will test your blood for anemia.
Vi skal teste blodet hennes for anemi. - We will test her blood for anemia.
Vi skal teste blodet hans for anemi. - We will test his blood for anemia.
Vi skal teste blodet deres for anemi. - We will test your/their blood for anemia.

Practice Dialog

Vi har fått tilbake prøvesvaret ditt, og det viser at du har for få hvite blodceller.
Betyr det at jeg har kreft?
Nei, det kan være mange årsaker. Vi må ta noen flere blodprøver for å finne ut mer.
Takk, det setter jeg pris på. Når får vi resultatene?

English translation:
We have received your test results back, and it shows that you have too few white blood cells.
Does that mean I have cancer?
No, there can be many causes. We need to take some more blood tests to find out more.
Thank you, I appreciate that. When will we get the results?

Practice Scenario
Hematologen undersøkte pasientens blodprøver nøye. "Dine leukocytter er for lave," sa hun rolig. De diskuterte muligheten for leukemi og behovet for en knokkelmargsbiopsi. Hun forklarte prosedyren tydelig på norsk, og sørget for full forståelse før hun skrev ut henvisningen til sykehuset for videre utredning.

English translation:
The hematologist examined the patient's blood samples carefully. "Your leukocytes are too low," she said calmly. They discussed the possibility of leukemia and the need for a bone marrow biopsy. She explained the procedure clearly in Norwegian, ensuring full understanding before writing the referral to the hospital for further investigation.

ONCOLOGY CONSULTATIONS AND CANCER CARE

Key Vocabulary
Vi skal gjennomgå behandlingsalternativene - Vee skahl yeh-NOHM-goh behan-dling-sahl-ter-nah-tih-veh-neh - We will go through the treatment options
Behandlingsplan - behan-dlings-plahn - Treatment plan
Hvordan har du det? - Vohr-dahn hahr doo deh? - How are you doing? (Respectful, common way to ask)
Bivirkninger - bee-veer-kning-ehr - Side effects
Smerter - smær-tehr - Pains
Kreftbehandling - kreft-beh-hand-ling - Cancer treatment
Strålebehandling - strah-leh-beh-hand-ling - Radiation therapy
Cellegift - sel-eh-yift - Chemotherapy (lit. Cell poison)
Det er viktig at du føler deg informert - Deh ehr vik-tig aht doo foh-lehr dai in-for-mært - It is important that you feel informed
Vi er her for å støtte deg - Vee ehr hehr fohr oh støt-teh dai - We are here to support you

Grammatical Examples
Vi skal gjennomgå behandlingsplanen deres. - We will go through your treatment plan (plural/formal address).
Vi skal gjennomgå behandlingsplanen din. - We will go through your treatment plan (singular/informal address).
Jeg skal gjennomgå behandlingsplanen deres. - I will go through your treatment plan (plural/formal address).

Jeg skal gjennomgå behandlingsplanen din. - I will go through your treatment plan (singular/informal address).

Practice Dialog

Vi har fått tilbake prøvesvarene, og de bekrefter at cellene svarer godt på behandlingen.
Det er godt å høre. Hva betyr det for oss nå?
Det betyr at vi kan fortsette med den samme planen. Jeg skal ordne time til neste infusjon.
Tusen takk. Det gir oss håp.

English translation:
We have received the test results back, and they confirm that the cells are responding well to the treatment.
That is good to hear. What does that mean for us now?
It means we can continue with the same plan. I will schedule an appointment for the next infusion.
Thank you so much. That gives us hope.

Practice Scenario

Onkologen forklarte behandlingsplanen med klarhet og tålmodighet. Pasienten og familien stilte spørsmål om cellegift og bivirkninger. Sykepleieren ga informasjonshefter og viste hvordan de skulle administrere medisiner hjemme. De ble enige om en oppfølgingsavtale. Samtalen var åpen og fokusert på pasientens mål og livskvalitet gjennom hele reisen.

English translation:
The oncologist explained the treatment plan with clarity and patience. The patient and family asked questions about chemotherapy and side effects. The nurse provided information pamphlets and showed how to administer medication at home. They agreed on a follow-up appointment. The conversation was open and focused on the patient's goals and quality of life throughout the journey.

INFECTIOUS DISEASE MANAGEMENT AND ISOLATION

Key Vocabulary

Isolasjon - ee-soh-lah-SHOON - Isolation

Smittesykdom - SMIT-teh-syk-dohm - Infectious disease

Håndhygiene - HON-hyg-ee-eh-neh - Hand hygiene

Hvordan har du det? - VOR-dan har doo deh? - How are you feeling?

Vi må ta en prøve - vee maw tah en PRØ-veh - We need to take a test

Dere må bruke munnbind - DEH-reh maw BROO-keh MUNN-binn - You must wear a mask

Vennligst hold avstand - VENN-list hohl AHV-stahn - Please maintain distance

Det er viktig å være hjemme - deh er VIK-tig å VÆ-reh YEM-meh - It is important to stay at home

Jeg skal undersøke deg nå - yai skahl unn-er-SØ-keh dai naw - I am going to examine you now

Takk for at du er forsiktig - takk for ah doo er for-SIK-tig - Thank you for being careful

Grammatical Examples

Pasienten må isoleres. - The patient must be isolated. (masculine)

Pasienten må isoleres. - The patient must be isolated. (feminine)

Sykehuset må isoleres. - The hospital must be isolated. (neuter)

Avdelingen må isoleres. - The department must be isolated. (feminine)

Practice Dialog

Vi må dessverre isolere deg for å unngå at andre smittes.
Hvor lenge må jeg være i isolering?
I minst fem dager, til symptomene dine bedrer seg betydelig.
Takk for tydelig informasjon, jeg følger instruksene.

English translation:
We unfortunately have to isolate you to prevent others from getting infected.
How long do I have to be in isolation?
For at least five days, until your symptoms improve significantly.
Thank you for the clear information, I will follow the instructions.

Practice Scenario

Legen forklarte isolasjonsprosedyren på norsk. "Dette er for å beskytte andre," sa hun rolig. Pasienten, en eldre mann, nikket forstående. Hun sørget for at han hadde nødvendig utstyr og informasjon om smittevern. Han ble værende på isolasjonsavdelingen, overvåket nøye, mens legene arbeidet med å identifisere patogenet og starte riktig behandling.

English translation:
The doctor explained the isolation procedure in Norwegian. "This is to protect others," she said calmly. The patient, an elderly man, nodded understandingly. She ensured he had the necessary equipment and information about infection control. He remained in the isolation unit, monitored closely, while the doctors worked to identify the pathogen and start the correct treatment.

IMMUNOLOGY AND ALLERGY CONSULTATIONS

Key Vocabulary

Hvordan har De det? - VOR-dan har dee deh? - How are you?
Allergi - ahl-lehr-GEE - Allergy
Immunforsvaret - im-MOON-for-svar-eht - The immune system
Reaksjon - re-ak-SHOON - Reaction
Hovne - HOV-neh - Swollen
Kløe - KLØ-eh - Itching
Utløser - OOT-lø-ser - Trigger
Bivirkning - BEE-veer-kning - Side effect
Resept - re-SEPT - Prescription
Behandling - be-HAN-dling - Treatment

Grammatical Examples

Vi skal teste Dem for allergier. - We will test you for allergies (formal).
Vi skal teste deg for allergier. - We will test you for allergies (informal).
De skal teste Dem for allergier. - They will test you for allergies (formal).
Jeg skal teste deg for allergier. - I will test you for allergies (informal).

Practice Dialog

Vi har sett på resultatene fra blodprøvene dine, og de viser høye verdier av IgE-antistoffer.

Betyr det at allergien min er alvorlig?
Det betyr at kroppen din reagerer kraftig på disse allergenene, så vi bør starte en behandlingsplan.
Forstått. Hva er neste steg? Hvordan kan vi behandle dette?

English translation:
We have looked at the results from your blood tests, and they show high levels of IgE antibodies.
Does that mean my allergy is serious?
It means your body is reacting strongly to these allergens, so we should start a treatment plan.
Understood. What is the next step? How can we treat this?

Practice Scenario
Hun beskriver nøtteallergi med alvorlige symptomer. Legen utfører hudprikktest og spesifikk IgE-test. Resultatet viser reaksjon på hasselnøtter. De diskuterer unngåelsesstrategier og adrenalin-autoinnjektor. Legen anbefaler nøye merking av mat og oppfølging med allergolog. Pasienten forstår viktigheten av å være forberedt på allergiske reaksjoner.

English translation:
She describes a nut allergy with severe symptoms. The doctor performs a skin prick test and specific IgE test. The result shows a reaction to hazelnuts. They discuss avoidance strategies and an epinephrine auto-injector. The doctor recommends careful food labeling and follow-up with an allergist. The patient understands the importance of being prepared for allergic reactions.

GENERAL SURGERY PRE AND POST-OPERATIVE CARE

Key Vocabulary
Hvordan har De det? - VOR-dan har dee deh? - How are you feeling? (formal)
Smerter - SMER-ter - Pain
Smertefri - SMER-ter-free - Pain-free
Vondt - vont - Sore / Hurting
Stell av såret - stell av SOH-ret - Wound care
Drenasje - dre-NAH-sje - Drainage
Infeksjon - in-fek-SHOON - Infection
Oppkast - OP-kast - Vomiting
Våken og orientert - VOH-ken oh ori-en-TEHRT - Awake and oriented
Takk for nå - takk for noh - Thank you for now (a common and polite way to end an interaction)

Grammatical Examples
Vi skal fjerne den syke tarmen. - We will remove the diseased intestine (masculine noun).
Vi skal fjerne den syke nyren. - We will remove the diseased kidney (masculine noun).
Vi skal fjerne den syke gallenblæren. - We will remove the diseased gallbladder (masculine noun).
Vi skal fjerne den syke milten. - We will remove the diseased spleen (masculine noun).

Practice Dialog
Vi har gjennomgått operasjonen, og alt gikk som planlagt.
Takk, det er godt å høre. Hva skjer nå?
Vi overvåker pasienten nøye de neste timene. Det viktigste er å holde sårområdet rent og tørt.
Ja, vi følger nøye med på smerter og tar vare på såret som beskrevet.

English translation:
We have completed the surgery, and everything went according to plan.
Thank you, that's good to hear. What happens now?
We will monitor the patient closely for the next few hours. The most important thing is to keep the wound area clean and dry.
Yes, we will watch for pain carefully and take care of the wound as instructed.

Practice Scenario
Kirurgen forklarte forberedelsene tydelig for pasienten. Etter operasjonen overvåket sykepleieren smerter og tegn til infeksjon. Pasienten ble anbefalt tidlig mobilisering og pusteøvelser for å forebygge komplikasjoner. De fulgte nøye med på sårpleien og gav klare instruksjoner om utskrivning og oppfølging.

English translation:
The surgeon clearly explained the preparations to the patient. After the surgery, the nurse monitored pain and signs of infection. The patient was advised on early mobilization and breathing exercises to prevent complications. They monitored the wound care closely and gave clear discharge and follow-up instructions.

ORTHOPEDIC SURGERY AND MUSCULOSKELETAL INJURIES

Key Vocabulary

Hvordan har du det? - VOR-dan har doo deh - How are you feeling?
Smerte - SMEH-teh - Pain
Brudd - BROOD - Fracture
Skade - SKAH-deh - Injury
Leddbånd - YED-bon - Ligament
Bein - BAYN - Bone
Røntgenbilder - RUHNT-gen-bil-ler - X-ray images
Bevegelse - beh-VAY-ell-seh - Movement
Behandlingsplan - beh-HAND-lings-plahn - Treatment plan
Takk for at du kommer - TAKK for ah doo KOM-mer - Thank you for coming

Grammatical Examples

Vi skal undersøke den ømme albuen. - We will examine the sore elbow.
Vi skal undersøke det ømme kneet. - We will examine the sore knee.
Vi skal undersøke den ømme skulderen. - We will examine the sore shoulder.
Vi skal undersøke det ømme ankelen. - We will examine the sore

ankle.

Practice Dialog
Vi har fått MR-bildene deres tilbake. Det viser en skiveprolaps i lumbalvirvelsøylen.
Er det noe som kan gjøres, eller må vi bare vente og se?
Vi anbefaler en mikrodiskektomi. Det er en liten operasjon for å ta bort trykket på nerven.
Tusen takk. Det hjelper å forstå planen.

English translation:
We have received your MRI scans back. It shows a herniated disc in your lumbar spine.
Is there anything that can be done, or do we just have to wait and see?
We recommend a microdiscectomy. It is a small operation to remove the pressure on the nerve.
Thank you so much. It helps to understand the plan.

Practice Scenario
Kirurgen forklarte skaden på kneet med en modell. "Vi vil reparere korsbåndet artroskopisk," sa hun rolig. Pasienten forstått prosedyren og risikovurderingen. Under narkose utførte teamet en presis rekonstruksjon. Etter operasjonen la fysioterapeuten en individuell rehabplan for å gjenopprette bevegelighet og styrke.

English translation:
The surgeon explained the knee injury with a model. "We will repair the cruciate ligament arthroscopically," she said calmly. The patient understood the procedure and the risk assessment. Under anesthesia, the team performed a precise reconstruction. After surgery, the physiotherapist established an individual rehab plan to restore mobility and strength.

NEUROSURGERY AND NEUROLOGICAL PROCEDURES

Key Vocabulary

Hjernen - YER-nen - The brain
Ryggmargen - RYG-mar-gen - The spinal cord
Nervesystemet - NER-veh-sys-teh-met - The nervous system
Hodeskalle - HOH-deh-skal-leh - The skull
Smerte - SMER-teh - Pain
Følelse - FUR-lel-seh - Sensation
Bevegelse - Beh-VEG-hel-seh - Movement
Vi skal ta en skanning av hodet ditt - Vee skahl tah en SKAN-ning av HOH-det dit - We will take a scan of your head
Vær så snill og ligge helt stille - Ver saw snill oh LIG-geh helt STIL-leh - Please lie completely still
Tusen takk for din tillit - TOO-sen takk for din til-LIT - Thank you very much for your trust

Grammatical Examples

Vi skal utføre en lumbalpunksjon på deg. - We are going to perform a lumbar puncture on you.
Vi skal undersøke deg grundig. - We are going to examine you thoroughly.
Vi skal operere deg i morgen. - We are going to operate on you tomorrow.
Vi skal administrere medisinen til deg. - We are going to administer the medicine to you.

Practice Dialog
Vi må gjennomføre en kraniotomi for å fjerne blodproppen som trykker på hjernen.
Er dette en veldig risikofylt operasjon?
Alle inngrep på hjernen har risiko, men vi har et erfarant team og dette er nødvendig for å redusere skaden.
Tusen takk for at du forklarer. Vi stoler på dere.

English translation:
We need to perform a craniotomy to remove the blood clot that is pressing on the brain.
Is this a very risky procedure?
All procedures on the brain carry risk, but we have an experienced team and this is necessary to reduce the damage.
Thank you so much for explaining. We trust you.

Practice Scenario
Kirurgen orienterte pasienten om mikrokirurgisk reseksjon av hjernesvulsten. Under EEG-overvåkning og kartlegging av talefunksjon, fjernet de vevet presist. Pasienten, våken under prosedyren, fulgte instrukser. Etter suksessfull intervensjon ble pasienten overvåket på intensiv for å identifisere eventuelle komplikasjoner tidlig.

English translation:
The surgeon informed the patient about the microsurgical resection of the brain tumor. Under EEG monitoring and mapping of speech function, they removed the tissue precisely. The patient, awake during the procedure, followed instructions. After successful intervention, the patient was monitored in the ICU to identify any complications early.

CARDIOVASCULAR SURGERY CONSULTATIONS

Key Vocabulary
Hjertet - YER-teh - The heart
Blodtrykk - BLOOD-trikk - Blood pressure
Smerter - SMER-ter - Pain
Operasjonen - oh-peh-rah-SHOON-en - The surgery
Åndedrett - ON-neh-drett - Breathing
Medisiner - meh-dee-SEEN-er - Medication
Hvordan har De det? - VOR-dan har Dee deh? - How are you? (formal)
Jeg skal undersøke Dem nå. - Yai skahl OON-der-shuh-ker Dehm naw. - I am going to examine you now.
Det er viktig å hvile. - Deh ehr VIK-tig oh VEE-leh. - It is important to rest.
Takk for samarbeidet. - Tukk for SAH-mar-beye-deh. - Thank you for your cooperation.

Grammatical Examples
Vi skal operere på hjertet ditt. - We will operate on your heart. (informal, singular)
Vi skal operere på hjartet ditt. - We will operate on your heart. (Nynorsk, informal, singular)
Vi skal operere på hjertet Deres. - We will operate on your heart. (formal, singular)
Vi skal operere på hjertet hans. - We will operate on his heart.

(third person, masculine)

Practice Dialog

Vi har gjennomgått undersøkelsene, og det er nødvendig med en operasjon for å åpne igjen blodåren.
Hva innebærer egentlig en slik operasjon for oss?
Vi legger inn en stent, som er en liten rørformet netting, for å holde åren åpen. Det er en rutineoperasjon med god suksessrate.
Tusen takk for at dere gjør dette. Vi setter stor pris på informasjonen.

English translation:
We have reviewed the tests, and an operation is necessary to reopen the blood vessel.
What does such an operation actually entail for us?
We will insert a stent, which is a small tubular mesh, to keep the vessel open. It is a routine operation with a good success rate.
Thank you so much for doing this. We greatly appreciate the information.

Practice Scenario

Hjertet hans slår uregelmessig. "Vi anbefaler en operasjon for å korrigere arytmien," forklarer kardiologen rolig. De gjennomgår risikovurderingen og forberedelsene. Pasienten og hans kone stiller grundige spørsmål om inngrepet og rehabiliteringen. Legen svarer tålmodig og tydelig. De enes om en plan, og avtaler en ny time for å signere samtykkeskjemaet.

English translation: His heart beats irregularly. "We recommend surgery to correct the arrhythmia," the cardiologist explains calmly. They review the risk assessment and preparations. The patient and his wife ask thorough questions about the procedure and rehabilitation. The doctor answers patiently and clearly. They agree on a plan and schedule another appointment to sign the consent form.

PLASTIC AND RECONSTRUCTIVE SURGERY

Key Vocabulary

Vi skal undersøke deg nå - Vee skahl oon-SHUH-keh day nah - We are going to examine you now
Vær så snill, lig stille - Vahr soh snill, lig STILL-eh - Please lie still
Dette vil vi gjøre for å hjelpe deg - DET-eh vil vee YUR-eh for oh YEL-peh day - This is what we will do to help you
Har du noen spørsmål? - Hahr doo NOH-en SPURS-mohl? - Do you have any questions?
Vi skal ta en prøve - Vee skahl tah en PRUR-veh - We are going to take a sample
Skal vi forklare mer? - Skahl vee for-KLAH-reh mair? - Shall we explain more?
Unnskyld smerten - OON-shill SMAIR-ten - Sorry for the pain
Hvordan føles det? - VOR-dahn FUR-less deh? - How does it feel?
Dette er en rutineoperasjon - DET-eh air en roo-TEEN-eh-oh-pair-ah-SHOON - This is a routine operation
Vi følger nøye med - Vee FUL-ger NØ-ye med - We will monitor you closely

Grammatical Examples

Vi skal utføre en rekonstruktiv operasjon. - We will perform a reconstructive surgery.
Vi skal utføre en plastisk operasjon. - We will perform a plastic surgery.

Vi skal utføre en rekonstruktiv behandling. - We will perform a reconstructive treatment.

Vi skal utføre en plastisk behandling. - We will perform a plastic treatment.

Practice Dialog

Leger: Velkommen tilbake. Jeg har gått gjennom MR-undersøkelsen deres, og alt ser bra ut.

Pasient: Takk, det er godt å høre. Jeg er fortsatt litt bekymret for arret etter operasjonen.

Leger: Det er helt forståelig. Vi kan diskutere muligheten for en liten justering når huden er ferdig helet.

Pasient: Tusen takk, det setter jeg stor pris på. Når kan vi vurdere det?

English translation:

Doctor: Welcome back. I have reviewed your MRI scan, and everything looks good.

Patient: Thank you, that's good to hear. I'm still a little worried about the scar after the surgery.

Doctor: That's completely understandable. We can discuss the possibility of a minor adjustment once the skin has fully healed.

Patient: Thank you so much, I really appreciate that. When can we consider it?

Practice Scenario

Kirurgene utførte en fri lapp fra underarmen for å rekonstruere pasientens øyelokk etter kreftkirurgi. Under mikroskopet anastomoserte de nøye blodårene for å sikre vevets vitalitet. Pasienten, en eldre dame, ble informert på norsk om etterbehandlingen. Prosedyren var vellykket, og funksjonen ble bevart.

UROLOGICAL PROCEDURES AND CONSULTATIONS

Key Vocabulary

Har du smerter? - Har doo SMER-ter? - Do you have pain?
Vanlig vannprøve - VAHN-lee VAHN-prur-veh - Routine urine sample
Blærekateter - BLEH-reh-kah-teh-ter - Bladder catheter
Prostataundersøkelse - PROS-tah-tah-oon-der-sur-keh-seh - Prostate examination
Respekt for privatlivet - re-SPEKT for pree-VAHT-lee-vet - Respect for privacy
Skal undersøke deg nå - Skal oon-der-sur-keh dai naw - I am going to examine you now
Opplysninger er konfidensielle - OP-lyes-ning-er er kon-fi-den-see-EL-leh - Information is confidential
Avføringsvaner - AV-fur-ings-vah-ner - Bowel habits
Vær så snill, fyll i denne skjemaen - Ver saw snill, fill ee DEN-neh SHEM-aw-en - Please fill out this form
Tilstanden din - TIL-stan-den deen - Your condition

Grammatical Examples

Vi skal gjennomføre en ny undersøkelse. - We will perform a new examination.
Vi skal gjennomføre et nytt inngrep. - We will perform a new procedure.
Vi skal gjennomføre en ny operasjon. - We will perform a new

surgery.
Vi skal gjennomføre et nytt ultralyd. - We will perform a new ultrasound.

Practice Dialog
Vi har fått tilbake prøvesvarene fra blæresprengningen, og de viser tegn på en godartet forstørring.
Takk, det er godt å høre. Betyr det at jeg ikke trenger operasjon likevel?
Ikke nødvendigvis. La oss gå gjennom behandlingsalternativene sammen, så kan du ta en avgjørelse.
Ja, det setter jeg pris på. Jeg har noen spørsmål om medisiner og eventuelle bivirkninger.

English translation:
We have received the results from the bladder biopsy, and they show signs of a benign enlargement.
Thank you, that is good to hear. Does that mean I don't need surgery after all?
Not necessarily. Let's go through the treatment options together, so you can make a decision.
Yes, I appreciate that. I have some questions about the medication and any potential side effects.

Practice Scenario
Lege: "Vi ser en forstørret prostata på ultralyden. Vi anbefaler en TURP-prosedyre. Det er en rutineoperasjon."
Pasienten: "Takk for klar informasjon. Jeg ønsker å lese om prosedyren først."
Lege: "Selvfølgelig. Ta dere tid. Book en ny time for å diskutere spørsmål."

English translation:
Doctor: "We see an enlarged prostate on the ultrasound. We recommend a TURP procedure. It is a routine operation."
Patient: "Thank you for the clear information. I wish to read about the procedure first."
Doctor: "Of course. Take your time. Book a new appointment to

discuss questions."

GYNECOLOGICAL EXAMINATIONS AND PROCEDURES

Key Vocabulary
Kan jeg undersøke deg nå? - kahn yai OON-der-shuh-kuh dai naw - May I examine you now?
Legg deg på ryggen - lehg dai paw RIG-en - Lie on your back
Bøy knærne og spre bena - boy KNAIR-neh oh spreh BEH-nah - Bend your knees and spread your legs
Jeg skal bruke spekulum - yai skahl BROO-keh SPEH-koo-loom - I will use a speculum
Du vil kjenne et lett trykk - doo vil SHEN-neh et let trik - You will feel a light pressure
Slapp av - slahp ahv - Relax
Er det ømt her? - air deh UMT hair - Is it tender here?
Vi tar en prøve - vee tahr en PRUH-veh - We will take a sample
Alt ser normalt ut - ahlt sair nor-MAHLT oot - Everything looks normal
Takk for at du kom - tahk for aht doo kom - Thank you for coming

Grammatical Examples
Vi skal foreta en gynekologisk undersøkelse. - We will perform a gynecological examination.
Jeg skal foreta en gynekologisk undersøkelse. - I will perform a gynecological examination.
Du skal få en gynekologisk undersøkelse. - You will have a

gynecological examination.
Hun skal få en gynekologisk undersøkelse. - She will have a gynecological examination.

Practice Dialog

Vi har fått resultatene fra cytologien, og de er helt normale.
Det er godt å høre. Skal jeg ta en ny prøve om tre år som vanlig?
Ja, det stemmer. Husk at du alltid kan kontakte oss ved uvanlige symptomer.
Tusen takk, det setter jeg stor pris på.

English translation:
We have received the results of the cytology, and they are completely normal.
That's good to hear. Should I have a new test in three years as usual?
Yes, that's correct. Remember that you can always contact us if you have any unusual symptoms.
Thank you so much, I really appreciate that.

Practice Scenario

Hun lå på undersøkelsesbenken. Legen forklarte hver trinn før han utførte den gynekologiske undersøkelsen. «Nå skal jeg føle på livmoren din,» sa han rolig. Pasienten pustet dypt. En celleprøve ble tatt for screening. «Alt ser normalt ut,» sa legen. «Resultatene kommer om en uke.» Hun takket og følte seg trygg og respektert.

English translation: She lay on the examination table. The doctor explained each step before performing the gynecological examination. "Now I will feel your uterus," he said calmly. The patient took a deep breath. A cell sample was taken for screening. "Everything looks normal," said the doctor. "The results will come in a week." She thanked him and felt safe and respected.

OPHTHALMOLOGY AND EYE CARE

Key Vocabulary
Øye - OO-yeh - Eye
Syn - Seen - Vision
Øyedråper - OO-yeh-droh-per - Eye drops
Synstest - Seens-test - Vision test
Kan du se bedre med dette glasset? - Kaan doo seh beh-dreh meh DET-te glas-set - Can you see better with this lens?
Jeg skal undersøke øynene dine - Yai skaal oon-er-seh-ker OO-y-neh-neh dee-neh - I am going to examine your eyes
Vennligst se på denne prikken - Ven-ligst seh poh DEN-neh prik-ken - Please look at this dot
Blir det smertefullt? - Bleer deh smeh-teh-fullt - Does it become painful?
Takk for at du kommer - Takk for ah doo kom-mer - Thank you for coming
Unnskyld, dette kan være litt ubehagelig - Oon-shill, DET-teh kaan veh-re litt oo-beh-hahg-eh-lee - Excuse me, this can be a little uncomfortable

Grammatical Examples
Hun må bruke dråpene hver dag. - She must use the drops every day.
Han må bruke dråpene hver dag. - He must use the drops every day.
De må bruke dråpene hver dag. - They must use the drops every day.

Jeg må bruke dråpene hver dag. - I must use the drops every day.

Practice Dialog

Vi har funnet en grå stær i øyet ditt som forklarer det synsnedsettelsen du opplever.
Når kan jeg forvente å få operert dette?
Vi kan planlegge operasjonen allerede i løpet av de neste tre ukene.
Takk, det var godt å høre. Jeg ser frem til å kunne se skarpt igjen.

English translation:
We have found a cataract in your eye which explains the visual impairment you are experiencing.
When can I expect to have this operated on?
We can schedule the surgery within the next three weeks.
Thank you, that's good to hear. I look forward to being able to see clearly again.

Practice Scenario

Oftalmologen undersøkte pasientens netthinne med spaltelampe. "Din diabetiske retinopati er stabil," sa legen rolig. "Fortsett med blodtrykksmedisinen og de årlige kontrollene. Dette er viktig for å bevare synet." Pasienten nikket lettet. Forebyggende omsorg er avgjørende for å forhindre synstap ved diabetes.

English translation: The ophthalmologist examined the patient's retina with a slit lamp. "Your diabetic retinopathy is stable," the doctor said calmly. "Continue with the blood pressure medication and the annual check-ups. This is important for preserving your eyesight." The patient nodded, relieved. Preventive care is crucial for preventing vision loss from diabetes.

OTOLARYNGOLOGY (ENT) EXAMINATIONS

Key Vocabulary

Kan jeg undersøke deg? - kahn yay OON-der-shuh-kuh day - May I examine you?
Hvor har du vondt? - vor har doo vont - Where do you have pain?
Svelging - SVEL-ling - Swallowing
Hørsel - HUR-sel - Hearing
Svelg - svelg - Throat
Øre - UR-reh - Ear
Nese - NAY-seh - Nose
Kan du puste gjennom nesen? - kahn doo POO-steh YEN-nom NAY-sen - Can you breathe through your nose?
Vennligst åpne munnen - VEN-ligst OP-neh MOON-en - Please open your mouth
Takk for at du kom i dag - takk for aht doo kom ee dahg - Thank you for coming in today

Grammatical Examples

Jeg skal nå undersøke øret ditt. - I will now examine your ear. (informal, singular)
Jeg skal nå undersøke øret deres. - I will now examine your ear. (formal, singular/plural)
Vi skal nå undersøke øret ditt. - We will now examine your ear. (informal, singular)
Vi skal nå undersøke øret deres. - We will now examine your ear. (formal, singular/plural)

Practice Dialog

Har du merket smerter eller ubehag i øret de siste dagene?
Ja, det kjennes litt trykkende og dunkende, spesielt om kvelden.
Jeg skal ta en titt inni øret ditt med otoskopet for å sjekke om det er tegn på betennelse.
Takk, det setter jeg stor pris på.

English translation:
Have you felt any pain or discomfort in your ear the last few days?
Yes, it feels a bit pressurized and throbbing, especially in the evening.
I will take a look inside your ear with the otoscope to check for signs of infection.
Thank you, I appreciate that.

Practice Scenario

Spesialisten undersøkte pasientens ører med otoskop. "Tympanometri viser væske bak trommehinnen," sa hun rolig. Hun inspiserte nesen med speil for bihulebetennelse. "Vi tar en prøve." Hun vurderte halsen med spatel og lys. "Mandlene er betente. En penicillin-kur bør hjelpe." Pasienten nikket, lettet for en tydelig diagnose og behandlingsplan.

English translation:
The specialist examined the patient's ears with an otoscope. "Tympanometry shows fluid behind the eardrum," she said calmly. She inspected the nose with a mirror for sinusitis. "We will take a sample." She assessed the throat with a spatula and light. "The tonsils are inflamed. A course of penicillin should help." The patient nodded, relieved by a clear diagnosis and treatment plan.

DERMATOLOGICAL PROCEDURES AND SKIN CONDITIONS

Key Vocabulary

Hudundersøkelse - hood-oon-der-SURK-el-se - Skin examination
Utslett - OOT-slet - Rash
Kløe - KLUR-eh - Itching
Smerte - SMER-teh - Pain
Betennelse - beh-TEN-nel-se - Inflammation
Følg med her - furl my her - Follow along here (to guide a patient's attention)
Kan du vise meg? - kan doo VEE-seh my - Can you show me?
Vi tar en prøve - vee tar en PRUR-veh - We will take a sample
Resultatene - reh-sool-TAH-teh-neh - The results
Unnskyld, dette kan være ubehagelig - OON-shil, DET-teh kan VEH-reh oo-beh-HAHG-eh-lee - Excuse me, this might be uncomfortable

Grammatical Examples

Vi skal fjerne denne lille svulsten. - We will remove this small tumor (masculine noun).
Vi skal fjerne denne lille vorten. - We will remove this small wart (feminine noun).
Vi skal fjerne dette lille arret. - We will remove this small scar (neuter noun).
Vi skal fjerne denne lille føflekken. - We will remove this small

mole (feminine noun).

Practice Dialog

Dette området ser litt rødt og irritert ut. Har du prøvd noen nye hudprodukter i det siste?

Ja, jeg begynte med en ny ansiktskrem for noen dager siden. Kunne det være årsaken?

Det er svært sannsynlig. Det ser ut som en lett kontaktallergi. Jeg anbefaler at du slutter med kremen og bruker en mild fuktighetskrema istedenfor.

Takk for rådet. Hvor lang tid vil det antageligvis ta før det blir bedre?

English translation:
This area looks a bit red and irritated. Have you tried any new skincare products lately?

Yes, I started using a new facial cream a few days ago. Could that be the cause?

That is very likely. It looks like a mild contact allergy. I recommend that you discontinue the cream and use a mild moisturizer instead.

Thank you for the advice. How long will it probably take before it gets better?

Practice Scenario

Hudlegen undersøker den irriterte føflekken med et dermatoskop. "Vi fjerner den til undersøkelse," forklarer hun rolig. Under lokalbedøvelse utfører hun en eksisjon med steril presisjon. Såret sys med fine sting. "Dere må unngå sol de neste ukene," instruerer hun pasienten og sikrer en grundig forståelse av ettervern.

English translation: The dermatologist examines the irritated mole with a dermatoscope. "We will remove it for examination," she explains calmly. Under local anesthesia, she performs an excision with sterile precision. The wound is sutured with fine stitches. "You must avoid sun for the next few weeks," she instructs the patient, ensuring a thorough understanding of aftercare.

EMERGENCY ROOM TRIAGE AND ASSESSMENT

Key Vocabulary
Hva feiler det? - Vah FAY-ler deh? - What is wrong?
Hvor har du vondt? - Vor har doo vont? - Where do you have pain?
Hvor lenge har du vært syk? - Vor leng-eh har doo vert seek? - How long have you been ill?
Kan du beskrive smertene? - Kan doo beh-skree-veh SMER-teh-neh? - Can you describe the pain?
Har du noen allergier? - Har doo noo-en al-ler-GHEE-er? - Do you have any allergies?
Hvilke medisiner bruker du? - VIL-keh meh-dee-SEEN-er BROO-ker doo? - Which medications do you use?
Jeg må ta blodtrykket ditt. - Yai maw tah BLOOD-trik-ket dit. - I need to take your blood pressure.
Vi må ta en blodprøve. - Vee maw tah en BLOOD-prø-veh. - We need to take a blood test.
Legg deg ned her, er du snill. - Legg dai ned her, er doo snill. - Lie down here, please.
Takk for at du venter. - Takk for ah doo VEN-ter. - Thank you for waiting.

Grammatical Examples
Hvor har du vondt? - Where do you hurt? (informal, singular)
Hvor har dere vondt? - Where do you hurt? (informal, plural)

Hvor har De vondt? - Where do you hurt? (formal, singular/plural)

Hvor har pasienten vondt? - Where does the patient hurt? (third person)

Practice Dialog

Hva kan vi hjelpe deg med i dag?
Han har veldig vondt i brystet og er svett og andpusten.
Takk, vi tar ham med inn med en gang. Hvor lenge har dette vart?
Siden i går kveld, men det ble mye verre for en time siden.

English translation:
What can we help you with today?
He has very bad chest pain and is sweaty and short of breath.
Thank you, we will take him in right away. How long has this been going on?
Since last night, but it got much worse an hour ago.

Practice Scenario

Legevakten er full. En sykepleier triagerer raskt en eldre mann med brystsmerter. Hun tar EKG og spør om medisiner. Mannen er rolig, men bekymret. Hun forsikrer ham om at han er i trygge hender og at legen kommer snart. Hun dokumenterer symptomer og tidspunkt for nøyaktig vurdering.

English translation:
The emergency room is full. A nurse quickly triages an elderly man with chest pain. She takes an ECG and asks about medications. The man is calm but worried. She assures him he is in safe hands and that the doctor will come soon. She documents symptoms and time for accurate assessment.

TRAUMA CARE AND INJURY EVALUATION

Key Vocabulary

Hvor har du vondt? - Vor har doo vont - Where does it hurt?
Kan du beskrive smerten? - Kan doo beh-skree-veh smeh-ten - Can you describe the pain?
Vi må undersøke deg - Vee maw oon-deh-shuh-keh dai - We need to examine you
Du er trygg her - Doo ehr tregg hehr - You are safe here
Jeg skal være forsiktig - Jai skahl vah-reh for-sik-tig - I will be careful
Hvordan skjedde ulykken? - Vor-dan shyeh-deh oo-lew-ken - How did the accident happen?
Du trenger smertebehandling - Doo treng-ehr smeh-teh-beh-hand-ling - You need pain management
Vi skal ta en røntgen - Vee skahl tah en ruhnt-gen - We are going to take an X-ray
Jeg forstår at dette er vanskelig - Jai for-stawr at deh-teh ehr van-skeh-lig - I understand this is difficult
Takk for at du fortalte meg dette - Takk for at doo for-tahl-teh mai deh-teh - Thank you for telling me this

Grammatical Examples

Vi må vurdere skaden din. - We must evaluate your injury.
Vi må vurdere skaden hans. - We must evaluate his injury.
Vi må vurdere skaden hennes. - We must evaluate her injury.
Vi må vurdere skaden deres. - We must evaluate their injury.

Practice Dialog

Kan du fortelle meg hva som skjedde?
Han falt av stigen og landet på armen. Han sier det gjør veldig vondt.
Vi skal undersøge armen nøye og sørge for at han får den smerten lindret.
Takk, vi setter stor pris på det.

English translation:
Can you tell me what happened?
He fell off the ladder and landed on his arm. He says it hurts a lot.
We will examine the arm carefully and make sure he gets that pain relieved.
Thank you, we really appreciate that.

Practice Scenario

Ambulansepersonell mottar en pasient med flerre trauma. De utfører en primærvurdering: ABCDE-protokollen følges nøye. "Kan du si navnet ditt?" spør legen. Stabilisering skjer raskt. Sekundærvurderingen avdekker en lukket femurfraktur. Beskrivelser er klare og rolige. Pasienten samtykker til prosedyren etter forklaring. Teamet forbereder seg på operasjon.

English translation: Ambulance staff receive a patient with multiple trauma. They perform a primary assessment: the ABCDE protocol is followed carefully. "Can you tell me your name?" asks the doctor. Stabilization happens quickly. The secondary assessment reveals a closed femur fracture. Descriptions are clear and calm. The patient consents to the procedure after explanation. The team prepares for surgery.

CRITICAL CARE AND INTENSIVE CARE UNIT COMMUNICATION

Key Vocabulary

Hvordan har du det? - VOR-dan har doo deh - How are you feeling?
Vi skal ta en blodprøve - vee skahl tah en blod-PRUR-veh - We are going to take a blood test.
Du trenger oksygen - doo TRENG-er oksy-GEN - You need oxygen.
Dette er en respirator - DET-teh air en res-pi-RAH-tor - This is a ventilator.
Jeg skal sjekke blodtrykket ditt - yai skahl SHEK-keh blod-TRUK-et dit - I am going to check your blood pressure.
Kan du åpne øynene? - kan doo OHP-neh OY-neh-neh - Can you open your eyes?
Det er viktig å ligge stille - deh air VIK-tig oh LIG-geh STIL-leh - It is important to lie still.
Du er på intensivavdelingen - doo air poh in-ten-SEEV-ahv-deh-ling-en - You are in the intensive care unit.
Vi er her for å hjelpe deg - vee air hair for oh YEL-peh dai - We are here to help you.
Vennligst ring på hvis du trenger noe - VEN-ligst ring poh vees doo TRENG-er NO-eh - Please ring if you need anything.

Grammatical Examples

Vi skal sette inn en venekateter. - We are going to insert a venous

catheter.
Vi skal gi deg en venekateter. - We are going to give you a venous catheter.
Vi skal sette inn et blærekateter. - We are going to insert a urinary catheter.
Vi skal gi deg et blærekateter. - We are going to give you a urinary catheter.

Practice Dialog
Vi har nettopp tatt en CT-scan av hodet, og resultatene kommer snart.
Tusen takk. Kan vi være her mens dere venter?
Selvfølgelig. Jeg skal gi dere en oppdatering så snart jeg vet mer.
Vi setter veldig pris på det.

English translation:
We have just taken a CT scan of the head, and the results will be ready soon.
Thank you so much. Can we stay here while you wait?
Of course. I will give you an update as soon as I know more.
We really appreciate that.

Practice Scenario
Intensivsykepleieren snakker rolig og tydelig til pasienten. "Vi skal nå sette inn et respiratorrør. Du vil føle en trykkfølelse. Vi er her hele tiden." Hun orienterer familien: "Hans tilstand er kritisk, men stabil. Vi overvåker ham kontinuerlig." Teamet kommuniserer effektivt for å sikre en koordinert og trygg behandling.

English translation:
The intensive care nurse speaks calmly and clearly to the patient. "We are now going to insert a breathing tube. You will feel a pressure sensation. We are here the entire time." She updates the family: "His condition is critical, but stable. We are monitoring him continuously." The team communicates effectively to ensure coordinated and safe treatment.

RESUSCITATION PROCEDURES AND FAMILY COMMUNICATION

Key Vocabulary

Vi må starte HLR - Vee maw STAH-tuh haw ell air - We need to start CPR

Vi skal nå hjelpe deg - Vee skahl naw YEL-peh dai - We are going to help you now

Hvordan har du det? - VOHR-dahn hahr doo deh? - How are you doing?

Vi gjør alt vi kan - Vee yur ahl vee kahn - We are doing everything we can

Dette er en alvorlig situasjon - DEH-teh air en ahl-VOHR-lee si-tu-ah-shohn - This is a serious situation

Jeg beklager - Yai beh-KLAH-gehr - I am sorry

Har du noen spørsmål? - Hahr doo NOH-en SPUR-smawl? - Do you have any questions?

Vi må flytte deg nå - Vee maw FLU-teh dai naw - We need to move you now

Hjertestarter - YEH-teh-stah-tehr - Defibrillator

Takk for at du er her - Tahk fohr aht doo air haer - Thank you for being here

Grammatical Examples

Vi skal informere familien om situasjonen. - We will inform the

family about the situation.
Vi skal informere dere om situasjonen. - We will inform you (plural) about the situation.
Vi skal informere Dem om situasjonen. - We will inform you (formal) about the situation.
Vi skal informere henne om situasjonen. - We will inform her about the situation.

Practice Dialog
Vi må starte HLR umiddelbart. Kan du fortelle meg om noen underliggende sykdommer?
Ja, han har hjerteproblemer og diabetes. Legen sa sist at hjertet var svekket.
Tusen takk, det er svært viktig informasjon. Vi gjør alt vi kan for ham nå.
Takk. Vi forstår. Vær så snill, gjør alt dere kan.

English translation:
We need to start CPR immediately. Can you tell me about any underlying illnesses?
Yes, he has heart problems and diabetes. The doctor said recently that his heart was weak.
Thank you very much, that is very important information. We are doing everything we can for him now.
Thank you. We understand. Please, do everything you can.

Practice Scenario
Legen roper "Start HLR!" og teamet samles rundt pasienten. En annen lege fører pårørende til et stille rom. "Vi gjør alt vi kan for å redde ham," sier legen rolig og tydelig. "Vi gir ham hjertekompresjoner og medisiner. Jeg kommer tilbake til deg snart med en oppdatering." Pårørende nikker, takknemlig for klar informasjon.

English translation:
The doctor shouts "Start CPR!" and the team gathers around the patient. Another doctor escorts the family to a quiet room. "We are doing everything we can to save him," says the doctor

calmly and clearly. "We are giving him chest compressions and medication. I will return to you shortly with an update." The family nods, grateful for the clear information.

POISON CONTROL AND TOXICOLOGY CONSULTATIONS

Key Vocabulary

Hva har du inntatt? - Vah har doo IN-tot - What have you ingested?
Når skjedde dette? - Nor SHED-deh DEH-teh - When did this happen?
Hvor mye? - Vor MEW-eh - How much?
Har du kvalme? - Har doo KVAL-meh - Do you have nausea?
Har du oppkast? - Har doh OP-kast - Do you have vomiting?
Har du smerter? - Har doo SMER-ter - Do you have pain?
La meg undersøke deg - La my OON-der-sew-keh day - Let me examine you
Vi må kanskje ringe Giftinformasjonen - Vee mor KAN-sheh RING-eh Yift-in-for-ma-shoo-nen - We may need to call the Poison Information Centre
Dette er viktig informasjon - DEH-teh air VIK-tig in-for-ma-shon - This is important information
Takk for at du fortalte meg dette - Tak for at doo for-TAL-teh my DEH-teh - Thank you for telling me this

Grammatical Examples

Hvilket stoff har De inntatt? - What substance have you ingested? (formal)
Hvilket stoff har du inntatt? - What substance have you ingested? (informal)

Hvilken plante har De inntatt? - What plant have you ingested? (formal)

Hvilken plante har du inntatt? - What plant have you ingested? (informal)

Practice Dialog

Hallo, dette er Giftinformasjonen. Hva har skjedd?

Vi tror at vårt barn har spist noen bær ute i hagen. Hva bør vi gjøre?

Først, fjern eventuelle rester fra munnen. Hvor mange bær og hvordan ser de ut?

De er små, røde og klatret oppover stakittet. Han spiste kanskje fire-fem stykker.

English translation:

Hello, this is the Poison Information Center. What has happened?

We think our child has eaten some berries in the garden. What should we do?

First, remove any remnants from the mouth. How many berries and what do they look like?

They are small, red, and climbing up the fence. He maybe ate four or five of them.

Practice Scenario

Lege: Giftinformasjonen, god dag.

Lege: Hva har inntatt? Tabletter? Antall?

Lege: Forstår. Tidspunkt? Venter... ingen symptomer ennå. Godt.

Lege: Ikke fremkast. Vi følger protokoll. Oppgi vekt for korrekt dosering av antidot.

Lege: Hold pasienten våken. Ambulanse er på vei. Vi koordinerer med toksikolog ved sykehuset.

PSYCHIATRIC EMERGENCIES AND CRISIS INTERVENTION

Key Vocabulary
Hvordan har du det? - VOR-dan har doo deh - How are you feeling?
Jeg er her for å hjelpe deg. - YAI er her for oh YEL-peh dai - I am here to help you.
Du er trygg her. - Doo er trügg her - You are safe here.
Kan du fortelle meg hva som skjer? - Kan doo for-TELL-eh mai va som shair - Can you tell me what is happening?
Vi skal ta en vurdering. - Vee skall tah en voor-DEH-ring - We are going to do an assessment.
Det er viktig å snakke sammen. - Deh er VIK-tig oh SNAH-keh sah-men - It is important to talk together.
Jeg forstår at dette er vanskelig. - Yai for-STOHR aht DET-teh er VAN-sheh-lig - I understand this is difficult.
Trenger du noe for å være mer komfortabel? - TRENG-er doo NOH-eh for oh VEH-reh mer kom-for-TAH-bel - Do you need anything to be more comfortable?
Vi tar en pause hvis du trenger det. - Vee tahr en PAU-seh vis doo TRENG-er deh - We will take a break if you need it.
Hva kan vi gjøre for å støtte deg? - Va kan vee YUR-eh for oh STET-teh dai - What can we do to support you?

Grammatical Examples
Pasienten er veldig uroet. - The patient is very agitated

(masculine).
Pasienten er veldig urolig. - The patient is very agitated (feminine).
Pasienten er veldig aggressiv. - The patient is very aggressive (masculine).
Pasienten er veldig aggressiv. - The patient is very aggressive (feminine).

Practice Dialog
Hva slags hjelp trenger du akkurat nå?
Jeg er så redd og føler meg helt overveldet.
Vi skal finne ut av dette sammen. Du er trygg her.
Takk. Jeg aner ikke hva jeg skal gjøre.

English translation:
What kind of help do you need right now?
I'm so scared and feel completely overwhelmed.
We will figure this out together. You are safe here.
Thank you. I don't know what to do.

Practice Scenario
Lege på legevakten møter en pasient med akutt psykose. Pasienten er desorientert og paranoid. Legen snakker rolig og tydelig, vurderer symptomer og medikamentell historie. De etablerer tillitsfull kontakt, unngår konfrontasjon. Det tas en beslutning om akutt innleggelse til psykiatrisk avdeling for observasjon og kriseintervensjon. Pasienten blir informert om prosessen.

English translation: Doctor at the emergency room meets a patient with acute psychosis. The patient is disoriented and paranoid. The doctor speaks calmly and clearly, assesses symptoms and medication history. They establish trusting contact, avoiding confrontation. A decision is made for acute admission to the psychiatric ward for observation and crisis intervention. The patient is informed about the process.

PEDIATRIC EMERGENCY CARE

Key Vocabulary

Hvordan har du det? - VOR-dan har doo deh? - How are you feeling?
Vær så snill, legg deg her. - Vær så snill, legg dai her. - Please lie down here.
Jeg må undersøke deg. - Yai moh oon-er-shoo-keh dai. - I need to examine you.
Hvor gjør det vondt? - Vor yur deh vont? - Where does it hurt?
Barnet ditt - BAR-net dit - Your child
Ta et dypt åndedrag. - Tah et düpt ON-eh-drai. - Take a deep breath.
Du er modig. - Doo er MOH-dig. - You are brave.
Vi skal hjelpe deg. - Vee skal YEL-peh dai. - We are going to help you.
Litt smerte - Lit SMER-teh - A little pain
Hva skjedde? - Va she-deh? - What happened?

Grammatical Examples

Barnet har en alvorlig skade. - The child has a serious injury. (neuter gender)
Jenta har en alvorlig skade. - The girl has a serious injury. (feminine gender)
Gutten har en alvorlig skade. - The boy has a serious injury. (masculine gender)
Pasienten har en alvorlig skade. - The patient has a serious injury. (masculine gender)

Practice Dialog

Vi har fått resultatene fra blodprøvene. De viser at det er en infeksjon.
Så det er altså ikke noe alvorlig?
Nei, heldigvis ikke. Vi starter med antibiotika med en gang.
Tusen takk, det var godt å høre.

English translation:
We have received the results from the blood tests. They show an infection.
So it's nothing serious then?
No, fortunately not. We will start antibiotics right away.
Thank you so much, that's good to hear.

Practice Scenario

Ambulansen ankommer med en toåring som har inhalert en liten leke. Legen snakker rolig med de opprørte foreldrene. Hun bruker et laryngoskop for å undersøke halsen. Objektet lokaliseres og fjernes forsiktig med en Magill-tang. Pustelydene normaliseres umiddelbart. Foreldrene blir trøstet med klare forklaringer om videre observasjon.

English translation:
The ambulance arrives with a two-year-old who has inhaled a small toy. The doctor speaks calmly to the upset parents. She uses a laryngoscope to examine the throat. The object is located and carefully removed with Magill forceps. Breathing sounds normalize immediately. The parents are comforted with clear explanations about further observation.

OBSTETRIC EMERGENCIES AND LABOR MANAGEMENT

Key Vocabulary
Vi må undersøke deg - Vee maw oon-SHUR-keh dai - We need to examine you
Kontraksjoner - kon-trak-SHOON-er - Contractions
Fødselsgang - FUR-sels-gang - Birth canal
Barnets hjertefrekvens - BAR-nets YAIR-te-frek-vens - Baby's heart rate
Vi må haste - Vee maw HAS-teh - We must hurry
Dere er i gode hender - DEH-reh air ee GOO-deh HEN-ner - You are in good hands
Skal vi ringe på noen for deg? - Skal vee RING-eh paw NO-en for dai? - Shall we call someone for you?
Trykk her når du har sammentrekning - Trykk hair nawr doo har SAM-men-trek-ning - Push here when you have a contraction
Takk for at du forteller oss hvordan du har det - Takk for at doo for-TELL-er oss vor-DAN doo har deh - Thank you for telling us how you are feeling
Vær så snill, legg dere ned - Vair saw snill, legg DEH-reh ned - Please, lie down

Grammatical Examples
Vi må overvåke den fødende kvinnen nøye. - We must monitor the laboring woman closely.

Vi må overvåke den fødende pasienten nøye. - We must monitor the laboring patient closely.
Vi må overvåke den fødende jenta nøye. - We must monitor the laboring girl closely.
Vi må overvåke den fødende moren nøye. - We must monitor the laboring mother closely.

Practice Dialog

Vi må starte akutt keisersnitt nå, babys puls er for lav.
Er det farlig for moren?
Risikoen er liten sammenlignet med farene ved å vente.
Jeg forstår, vi stoler på dere. Vær så snill, gjør det som må til.

English translation:
We need to start an emergency C-section now, the baby's pulse is too low.
Is it dangerous for the mother?
The risk is small compared to the dangers of waiting.
I understand, we trust you. Please, do what must be done.

Practice Scenario

Fødselen stoppet. Barnet hadde bradykardi. Jeg bestilte akutt keisersnitt. Vi informerte den engstelige moren på tydelig norsk om prosedyren og fikk samtykke. Teamet samarbeidet raskt. Under operasjonen løste vi en nøkkelløsning. Barnet ble levert og overført til neonatologen. Moren ble stabilisert. Vi sikret oss påfølgende omsorg og oppfølging for begge.

English translation:
The labor stopped. The baby had bradycardia. I ordered an emergency cesarean section. We informed the anxious mother in clear Norwegian about the procedure and obtained consent. The team collaborated quickly. During the operation, we resolved a shoulder dystocia. The baby was delivered and transferred to the neonatologist. The mother was stabilized. We ensured subsequent care and follow-up for both.

BURN CARE AND WOUND MANAGEMENT

Key Vocabulary

Sår - sor - Wound
Forbrenning - for-BREN-ning - Burn
Smerte - SMER-te - Pain
Vennligst - VENN-ligst - Please
Takk skal du ha - takk skahl doo hah - Thank you
Unnskyld - OON-shyl - Excuse me / I'm sorry
Vennligst legg deg her - VENN-ligst legg dai her - Please lie down here
Vi må rense såret - vee moh REN-se SOH-ret - We need to clean the wound
Dette vil svi litt - DET-te vil svee litt - This will sting a little
Hvordan føles det? - VOR-dan FØ-les deh? - How does that feel?

Grammatical Examples

Vi skal rense såret ditt. - We will clean your wound. (informal, singular)
Vi skal rense såret deres. - We will clean your wound. (formal/plural)
Jeg skal rense såret ditt. - I will clean your wound. (informal, singular)
Jeg skal rense såret deres. - I will clean your wound. (formal/plural)

Practice Dialog

Vi må kjøle brannen med lunkent vann i ti minutter for å begrense skaden.
Så skal vi dekke til med en steril, ikke-klistrende sarg.
Hvor ofte må vi skifte bandasjen?
Dere må skifte bandasjen hver dag, eller oftere hvis den blir våt eller skitten.

English translation:
We need to cool the burn with lukewarm water for ten minutes to limit the damage.
Then we will cover it with a sterile, non-adhesive dressing.
How often do we need to change the bandage?
You need to change the bandage every day, or more often if it becomes wet or dirty.

Practice Scenario
Legeen vasket brannsåret forsiktig med steril saltvannsløsning. "Vi må fjerne dødt vev for å forebygge infeksjon," forklarte hun. Såret ble dekket med et fuktig sårforband som fremmer healing. Pasienten fikk klare instruksjoner om sårstell og smertehåndtering. Oppfølging av en spesialist ble avtalt for å overvåke sårhelingen.

English translation:
The doctor gently washed the burn wound with sterile saline solution. "We must remove dead tissue to prevent infection," she explained. The wound was covered with a moist dressing that promotes healing. The patient received clear instructions on wound care and pain management. Follow-up with a specialist was arranged to monitor wound healing.

PAIN MANAGEMENT IN EMERGENCY SETTINGS

Key Vocabulary
Hvor har du vondt? - Vor har doo vont - Where do you have pain?
Kan du beskrive smerten? - Kan doo beh-skree-veh smær-ten - Can you describe the pain?
Er smerten sterk? - Ærr smær-ten stærk - Is the pain strong?
Vi skal gjøre deg bedre. - Vee skahl yør-reh dæi beh-dreh - We are going to make you better.
Jeg skal gi deg noe mot smerten. - Yai skahl yee dæi noo-eh moht smær-ten - I am going to give you something for the pain.
Vær så snill, prøv å slappe av. - Vær soh snill prøv oh slahp-peh ahv - Please, try to relax.
Hvor vondt er det på en skala fra 1 til 10? - Vor vont ærr deh poh en skah-lah fra en teel tee - How bad is the pain on a scale from 1 to 10?
Det er viktig at du forteller meg hvis smerten blir verre. - Deh ærr vik-tig aht doo for-tell-er mai vis smær-ten bleer vær-reh - It is important that you tell me if the pain gets worse.
Vi må undersøke deg for å finne ut hva som er galt. - Vee moh oon-deh-shø-keh dæi for oh fin-neh oot vah som ærr gahlt - We need to examine you to find out what is wrong.
Tusen takk for at du er så tålmodig. - Too-sen tahk for aht doo ærr soh tohl-moh-dig - Thank you very much for being so patient.

Grammatical Examples

Vi skal gi deg en smertestillende tablett. - We will give you a painkilling tablet.
Vi skal gi henne en smertestillende tablett. - We will give her a painkilling tablet.
Vi skal gi ham en smertestillende tablett. - We will give him a painkilling tablet.
Vi skal gi dere en smertestillende tablett. - We will give you (plural) a painkilling tablet.

Practice Dialog

Vi ser at du har mye smerter. Vi skal gjøre alt vi kan for å hjelpe deg.
Takk. Det gjør veldig vondt. Hva kan dere gjøre?
Vi kan gi deg smertestillende medisin gjennom en drop, som vil virke raskt.
Ja, vær så snill. Det hadde vært veldig godt.

English translation:
We can see you are in a lot of pain. We will do everything we can to help you.
Thank you. It hurts a lot. What can you do?
We can give you pain medication through an IV drip, which will work quickly.
Yes, please. That would be very good.

Practice Scenario

Ambulansepersonell raskt vurderer pasientens smerte med numerisk skala. "Vi gir deg smertestillende nå," sier de beroligende. Et intravenøst tilførsel av morfin administreres, og doseringen titreres forsiktig etter effekt. De monitorerer kontinuerlig pasientens vitale tegn og respirasjon for å sikre både komfort og sikkerhet.

English translation: Ambulance staff quickly assess the patient's pain using a numerical scale. "We are giving you pain relief now," they say reassuringly. An intravenous administration of morphine is given, and the dosage is carefully titrated for effect. They continuously monitor the patient's vital signs and respiration to ensure both comfort and safety.

OBSTETRICS AND PRENATAL CARE DISCUSSIONS

Key Vocabulary
Svangerskapskontroll - SVAN-ger-skap-skon-troll - Prenatal check-up
Ultralyd - UL-tra-lewd - Ultrasound
Fødselsforberedelse - FURD-sels-for-be-red-el-se - Birth preparation
Due date - dyoo deht - Due date (commonly used in Norwegian)
Fødselsplan - FURD-sels-plan - Birth plan
Venterom - VEN-te-rom - Waiting room (for partners/family)
Hvordan har du det? - VOR-den har doo deh - How are you feeling? (literally: How do you have it?)
Jeg skal undersøke deg nå. - Yai skahl un-der-suh-ker dai naw - I am going to examine you now.
Takk for at du spurte. - Takh for ah doo SPUR-teh - Thank you for asking (acknowledging a patient's question)
Alt er normalt. - Ahlt air nor-MALT - Everything is normal.

Grammatical Examples
Vi skal følge svangerskapet ditt nøye. - We will monitor your pregnancy closely. (informal, singular)
Vi skal følge svangerskapet deres nøye. - We will monitor your pregnancy closely. (formal/plural)
Jeg skal følge svangerskapet ditt nøye. - I will monitor your pregnancy closely. (informal, singular)

Jeg skal følge svangerskapet deres nøye. - I will monitor your pregnancy closely. (formal/plural)

Practice Dialog

Vi har sett på ultralydbildene, og alt ser bra ut med fosterets utvikling.
Takk, det er godt å høre. Er det noe vi bør være spesielt oppmerksomme på?
Nei, bare fortsett med vitaminene og hold dere til de vanlige rådene om kosthold og mosjon.
Tusen takk, det setter vi stor pris på.

English translation:
We have looked at the ultrasound images, and everything looks good with the fetus's development.
Thank you, that's good to hear. Is there anything we should be particularly aware of?
No, just continue with the vitamins and stick to the usual advice regarding diet and exercise.
Thank you so much, we really appreciate it.

Practice Scenario

Jordmoren forklarte ultralydfunnet: "Vi ser en liten hjertelidelse. Det er vanligvis god prognose. Vi vil følge dere nøye." Moren tok farens hånd. "Takk for klar informasjon," sa hun. "Hva er neste steg?" Jordmoren presenterte planen for videre oppfølging og tilbud om samtale med barnekardiolog.

LABOR AND DELIVERY COMMUNICATION

Key Vocabulary
Fødsel - FURD-sel - Birth
Kontraksjoner - kon-trak-SHOON-er - Contractions
Veske - VESH-keh - Fluid
Trykk - TRYKK - Pressure
Puster du? - POO-ster doo? - Are you breathing?
Du er flott - doo er FLOTT - You are doing great
Skal undersøke deg nå - skal un-der-SHU-keh dai naw - I am going to examine you now
Vondt? - VONT? - Painful?
Neste steg - NES-teh steg - Next step
Babyen - BAH-by-en - The baby

Grammatical Examples
Vi skal undersøke deg nå. - We are going to examine you now.
Vi skal undersøke henne nå. - We are going to examine her now.
Vi skal undersøke dem nå. - We are going to examine them now.
Vi skal undersøke barnet nå. - We are going to examine the child now.

Practice Dialog
Vi ser at det begynner å bli press på barnet nå, så vi må følge nøye med.
Skjer det noe med babys puls når jeg flytter på meg?
Nei, pulsen er fin, men vi vil gjerne at du skal ligge på venstre side for å hjelpe blodsirkulasjonen.
Takk, det skal jeg gjøre. Jeg føler meg trygg på dere.

English translation:
We can see there's starting to be some pressure on the baby now, so we need to monitor closely.
Does the baby's heart rate change when I move?
No, the heart rate is good, but we would like you to lie on your left side to help the circulation.
Thank you, I will do that. I feel safe with you.

Practice Scenario

"Kontraksjonene er gode. Snart kan du begynne å presse. Vi må følge med fostermønsteret. Husk å puste rolig. Hvis smertene blir for sterke, kan vi diskutere smertelindring. Alt går som forventet. Bra jobba." Jordmoren snakket rolig og tydelig for å gi trygghet og klar informasjon under fødselen.

English translation: "The contractions are good. Soon you can start pushing. We must monitor the fetal heart rate. Remember to breathe calmly. If the pain becomes too strong, we can discuss pain relief. Everything is progressing as expected. Well done." The midwife spoke calmly and clearly to provide security and clear information during the birth.

NEONATAL INTENSIVE CARE AND NEWBORN HEALTH

Key Vocabulary

Baby - BAH-bee - Baby
Spedbarn - SPEHD-barn - Newborn/Infant
Hvordan har babyen det? - VOR-dan har BAH-bee-en deh? - How is the baby doing?
Vekta - VEK-tah - The weight
Åndedrett - ON-neh-dret - Breathing
Hjerteslag - YER-teh-slahg - Heartbeat
Amming - AM-ming - Breastfeeding
Varmebingen - VAR-meh-bing-en - The incubator
Vi må sjekke henne/ham - Vee maw SHEK-keh HEN-neh/ham - We need to check her/him
Tusen takk - TOO-sen takk - Thank you very much

Grammatical Examples

Barnet er for tidlig født. - The child is born prematurely. (neuter gender)
Jenta er for tidlig født. - The girl is born prematurely. (feminine gender)
Gutten er for tidlig født. - The boy is born prematurely. (masculine gender)
Babyen er for tidlig født. - The baby is born prematurely. (masculine gender)

Practice Dialog

Vi har fulgt med på at han har litt pustepauser. Det er vanlig hos premature barn.

Skjer det ofte? Er det noe vi bør være spesielt oppmerksomme på?

Vi overvåker ham kontinuerlig. Det viktigste dere kan gjøre er å snakke rolig til ham og berøre ham forsiktig.

Takk, det skal vi gjøre. Det hjelper å vite hva vi kan bidra med.

English translation:
We've noticed he has some breathing pauses. It's common in premature babies.

Does it happen often? Is there anything we should be particularly aware of?

We are monitoring him continuously. The most important thing you can do is to talk quietly to him and touch him gently.

Thank you, we will do that. It helps to know what we can contribute.

Practice Scenario

Den lille gutten lå i kuvøsen, svak og for tidlig født. Legen kontrollerte CPAP-maskinen som hjalp ham med å puste. Sykepleieren dokumenterte væsketinntak og utsondring. Foreldrene så på, bekymret. "Han responderer godt på behandlingen," sa legen rolig. "Vi overvåker ham nøye." Et svakt grep rundt morens finger ga håp om styrke.

English translation: The little boy lay in the incubator, weak and premature. The doctor checked the CPAP machine helping him breathe. The nurse documented fluid intake and output. The parents watched, worried. "He is responding well to the treatment," the doctor said calmly. "We are monitoring him closely." A weak grip around the mother's finger gave hope for strength.

PEDIATRIC VACCINATIONS AND CHILD DEVELOPMENT

Key Vocabulary
Vaksinasjon - vahk-see-nah-SHOON - Vaccination
Barnet ditt - BAHR-neh deet - Your child
Helsestasjon - HEL-seh-stah-SHOON - Health center (for children)
Vaksinasjonsprogram - vahk-see-nah-SHOONS-proh-gram - Vaccination schedule
Utvikling - OOT-veek-ling - Development
Vaksineboksen - vahk-SEE-neh-book-sen - The vaccination booklet
Hvor mye veier han/hun? - voor MEE-eh VAY-er hahn/hoon - How much does he/she weigh?
Har det vært noen bivirkninger? - hahr deh vært NOH-en BEE-veer-kning-er - Have there been any side effects?
Neste kontroll - NES-teh kon-TROLL - Next check-up
Til å begynne med - til oh beh-YIN-neh meh - To start with

Grammatical Examples
Barnet ditt trenger sin første dose. - Your child needs his/her first dose. (sin for common/neuter gender)
Datteren din trenger sin første dose. - Your daughter needs her first dose. (sin for feminine gender)
Sønnen din trenger sin første dose. - Your son needs his first dose. (sin for masculine gender)

Barna deres trenger sin første dose. - Your children need their first dose. (sin for plural noun)

Practice Dialog
Hvordan går det med vaksinasjonene til datteren din?
Hun har fått alle de anbefalte vaksinene så langt, og hun er frisk og trives.
Godt å høre. Vaksiner beskytter ikke bare henne, men også andre barn.
Ja, det er viktig. Vi følger også nøye med på milepælene hennes i helsestasjonsappen.

English translation:
How are your daughter's vaccinations coming along?
She has had all the recommended vaccines so far, and she is healthy and thriving.
Good to hear. Vaccines don't just protect her, but also other children.
Yes, it's important. We are also closely tracking her milestones in the child health center app.

Practice Scenario
Lille Emma gråt da hun fikk vaksinasjonen. Legen roste henne for å være modig. Moren holdt henne i hånden. Etterpå snakket de om Emmas utvikling og når hun begynte å snakke og gå. Legen forsikret moren om at vaksiner er viktige for barns helse og normale vekst, og booket neste time til kontroll.

English translation:
Little Emma cried when she got the vaccination. The doctor praised her for being brave. Her mother held her hand. Afterwards, they talked about Emma's development and when she started to speak and walk. The doctor assured the mother that vaccines are important for children's health and normal growth, and booked the next appointment for a check-up.

ADOLESCENT MEDICINE AND CONFIDENTIALITY ISSUES

Key Vocabulary
Fortrolighet - for-tro-li-het - Confidentiality
Dette er helt mellom oss - deh-teh ehr hehlt meh-lom oss - This is completely between us
Jeg er her for å hjelpe deg - yai ehr hehr for oh yel-peh dai - I am here to help you
Hva kan jeg hjelpe deg med? - vah kan yai yel-peh dai meh - What can I help you with?
Din behandling er konfidensiell - din behan-dling ehr kon-fi-den-si-ell - Your treatment is confidential
Du kan snakke fritt med meg - doo kan snah-keh fritt mai mai - You can speak freely with me
Vi har taushetsplikt - vee hahr tau-shets-plikt - We have a duty of confidentiality
Hvordan har du det? - vor-dan har doo deh? - How are you doing?
Det er bra at du kom - deh ehr brah at doo kom - It's good that you came
Jeg forstår - yai for-stor - I understand

Grammatical Examples
Din helseinformasjon er konfidensiell. - Your health information is confidential. (masculine/feminine noun)

Ditt helsevern er konfidensielt. - Your healthcare is confidential. (neuter noun)
Den medisinske journalen er konfidensiell. - The medical record is confidential. (masculine/feminine noun)
Det medisinske rådet er konfidensielt. - The medical advice is confidential. (neuter noun)

Practice Dialog
Lege: Jeg forstår at du er bekymret, men som fastlege har jeg taushetsplikt overfor pasienten din datter.
Foresatt: Men hun er bare 15 år, og jeg er hennes mor. Jeg har rett til å vite hva som foregår.
Lege: Taushetsplikten gjelder også overfor foreldre når pasienten er gammel nok til å ta egne avgjørelser.
Foresatt: Jeg skjønner. Kan vi i det minste snakke om hvordan jeg best kan støtte henne?

English translation:
Doctor: I understand you are concerned, but as your GP, I have a duty of confidentiality towards your daughter.
Parent: But she is only 15, and I am her mother. I have a right to know what is going on.
Doctor: Confidentiality also applies to parents when the patient is old enough to make their own decisions.
Parent: I understand. Can we at least talk about how I can best support her?

Practice Scenario
Lege Mortensen noterte at den sekstenårige pasienten var engstelig. Hun spurte om samtalen var konfidensiell. Da legen bekreftet det, delte hun bekymringer om seksuell helse. Legen forsikret om full taushetsplikt, også overfor foreldre, og booket time for testing. Samtalen var trygg og profesjonell.

English translation:
Doctor Mortensen noted the sixteen-year-old patient was anxious. She asked if the conversation was confidential. When the doctor confirmed it, she shared concerns about sexual

health. The doctor assured her of full confidentiality, even from parents, and booked an appointment for testing. The conversation was safe and professional.

WOMEN'S HEALTH AND REPRODUCTIVE MEDICINE

Key Vocabulary

Svangerskapskontroll - SVAN-ger-skapss-kon-troll - Prenatal care

Menstruasjonssykdommer - men-stru-a-shuns-syk-dom-mer - Menstrual disorders

Prevensjon - pre-ven-shun - Contraception

Livmorhals - LIV-mor-hals - Cervix

Svangerskapsavbrudd - SVAN-ger-skaps-av-brudd - Termination of pregnancy

Bekkenbunn - bek-en-bunn - Pelvic floor

Helsesøster - HEL-se-søs-ter - Public health nurse (maternal/child health)

Blødninger - BLØD-ning-er - Bleeding

Hormoner - hor-MO-ner - Hormones

Forløsning - for-LØS-ning - Childbirth / Delivery

Grammatical Examples

Vi skal undersøke din menstruasjonssyklus. - We are going to examine your menstrual cycle. (informal, singular)

Vi skal undersøke Deres menstruasjonssyklus. - We are going to examine your menstrual cycle. (formal, singular)

Jeg skal undersøke din menstruasjonssyklus. - I am going to examine your menstrual cycle. (informal, singular)

Jeg skal undersøke Deres menstruasjonssyklus. - I am going to examine your menstrual cycle. (formal, singular)

Practice Dialog

Vi har fått resultatene fra ultralyden, og alt ser bra ut. Hvordan har du det?
Jeg har det mye bedre nå, takk. Jeg var veldig bekymret for blødningene.
Det er forståelig. Vi vil likevel følge deg litt ekstra de neste ukene.
Takk, det setter jeg stor pris på. Det er godt å vite at dere følger med.

English translation:
We have received the results from the ultrasound, and everything looks good. How are you feeling?
I am feeling much better now, thank you. I was very worried about the bleeding.
That is understandable. We would still like to monitor you a bit more closely in the coming weeks.
Thank you, I appreciate that. It is good to know you are keeping an eye on things.

Practice Scenario

Hun følte en uventet smerte. Legen undersøkte henne forsiktig og forklarte at det kunne være en cyste på eggstokken. De bestemte seg for en ultralyd for en sikker diagnose. Legen snakket tydelig om mulige behandlinger og understreket at det var vanlig og godartet. Pasienten følte seg trygg og informert.

English translation: She felt an unexpected pain. The doctor examined her gently and explained it could be an ovarian cyst. They decided on an ultrasound for a safe diagnosis. The doctor spoke clearly about possible treatments and emphasized it was common and benign. The patient felt safe and informed.

MEN'S HEALTH AND UROLOGICAL CONCERNS

Key Vocabulary
Har du noen smerter? - Har doo noh-en smer-ter? - Do you have any pain?
Vanlig vannprøve - Vahn-lee vahn-prur-veh - Routine urine sample
Prostataundersøkelse - Proh-sta-ta-oon-der-sur-kehl-seh - Prostate examination
Respekt for privatlivet - Reh-spekt for pree-vaht-lee-vet - Respect for privacy
Hvordan går det med vannlatingen? - Vor-dan gor deh med vahn-lah-ting-en? - How is the urination going?
Rektal undersøkelse - Rek-tahl oon-der-sur-kehl-seh - Rectal examination
Sædprøve - Sæhd-prur-veh - Semen sample
Har du problemer med ereksjon? - Har doo proh-bleh-mer med eh-rek-shon? - Do you have problems with erection?
Vi tar en blodprøve - Vee tar en blod-prur-veh - We will take a blood test
Alt du forteller er konfidensielt - Alt doo for-tel-ler er kon-fi-den-shelt - Everything you tell me is confidential

Grammatical Examples
Jeg skal undersøke prostaten din. - I will examine your prostate. (informal, masculine)

Jeg skal undersøke blæren din. - I will examine your bladder. (informal, masculine/feminine)
Jeg skal undersøke prostaten Deres. - I will examine your prostate. (formal, masculine)
Jeg skal undersøke blæren Deres. - I will examine your bladder. (formal, masculine/feminine)

Practice Dialog
Jeg har merket en forandring i vanene mine, og det bekymrer meg litt.
Det er viktig å ta slike ting på alvor. Kan du beskrive nærmere hva du har merket?
Ja, det har vært litt smertefullt, og jeg må oftere opp om natten.
Da bør vi ta en urinprøve og sette av tid til en grundig undersøkelse for å finne ut av det.

English translation:
I've noticed a change in my habits, and it worries me a bit.
It's important to take such things seriously. Can you describe more specifically what you've noticed?
Yes, it has been a bit painful, and I have to get up more often at night.
Then we should take a urine sample and schedule time for a thorough examination to figure it out.

Practice Scenario
Einar, 65, besøkte fastlegen for vanlig vannlatingsplage. Legen utførte en digital rektalundersøkelse og bestilte en PSA-prøve. Han forklarte rolig om godartet prostataforstørrelse og prostatakreft. Einar forstod viktigheten av tidlig oppdagelse og ble henvist til urolog for videre utredning. Han følte seg trygg på prosessen.

English translation: Einar, 65, visited his GP for frequent urination trouble. The doctor performed a digital rectal exam and ordered a PSA test. He calmly explained about benign prostatic hyperplasia and prostate cancer. Einar understood the importance of early detection and was referred to a urologist for further assessment. He felt confident about the process.

GERIATRIC MEDICINE AND AGING- RELATED ISSUES

Key Vocabulary
Hvordan har De det? - VOR-dan har dee deh? - How are you? (Formal)
Fallrisiko - fal-ri-SEE-ko - Fall risk
Hukommelse - hoo-KOM-mel-se - Memory
Smerter - SMARH-ter - Pains
Medisinliste - meh-di-SEEN-lis-teh - Medication list
Hverdagslivet - VER-dags-lee-vet - Everyday life
Bevegelsesapparatet - beh-VAY-gel-ses-ap-pa-RAH-tet - The musculoskeletal system
Hjerte og lunger - YER-teh oh LUNG-er - Heart and lungs
Stell og omsorg - stel oh OM-sorg - Care and nursing
Det er viktig å være trygg - deh ehr VIK-tig oh VARE trygg - It is important to be safe

Grammatical Examples
Hun er litt forvirret i dag. - She is a bit confused today.
Han er litt forvirret i dag. - He is a bit confused today.
De er litt forvirret i dag. - They are a bit confused today.
Pasienten er litt forvirret i dag. - The patient is a bit confused today.

Practice Dialog
Vi har sett på alle prøvene, og det gode nyheten er at det ikke er noen alvorlig underliggende sykdom.

Takk, det er en lettelse. Men hun blir så fort forvirret om kvelden, og det bekymrer oss.

Det kan være et tegn på delirium, som er vanlig hos eldre. La oss gå gjennom medisinlisten hennes sammen for å se om noe kan bidra.

Ja, det setter vi stor pris på. Vi ønsker å gjøre alt vi kan for at hun skal ha det trygt hjemme.

English translation:
We have looked at all the tests, and the good news is that there is no serious underlying illness.

Thank you, that is a relief. But she becomes confused so quickly in the evenings, and that worries us.

That can be a sign of delirium, which is common in the elderly. Let's go through her medication list together to see if anything could be contributing.

Yes, we would greatly appreciate that. We want to do everything we can so she can be safe at home.

Practice Scenario

Eldre mann innlagt for forvirring og fall. Legen undersøker ham og oppdager urinveisinfeksjon og polyfarmasi. Hun justerer medisiner og involverer pårørende og fastlege i en felles plan. Pasienten får tilbake orienteringen og får fysioterapi for å forbedre balansen og forebygge nye fall.

English translation:
Elderly man admitted for confusion and falls. The doctor examines him and discovers a urinary tract infection and polypharmacy. She adjusts medications and involves relatives and the general practitioner in a joint plan. The patient regains his orientation and receives physiotherapy to improve balance and prevent further falls.

PALLIATIVE CARE AND HOSPICE DISCUSSIONS

Key Vocabulary
Smertebehandling - SMER-teh-beh-hand-ling - Pain management
Lindrende behandling - LIN-dren-deh beh-hand-ling - Palliative care
Hospice - HOSS-piss - Hospice
Hvordan har du det? - VOR-dan har doo deh? - How are you doing?
Livskvalitet - LIVS-kva-li-tet - Quality of life
Å lindre smerter - Oh LIN-dreh SMER-ter - To relieve pain
Støttesamtale - STØT-teh-sam-tah-leh - Supportive conversation
Pårørende - POR-ren-deh - Next of kin / Relative
Respekt for pasientens ønsker - Res-PEKT for pah-si-EN-tens ØN-sker - Respect for the patient's wishes
Dødshjelp - DØDS-yelp - Assistance in dying (Euthanasia)

Grammatical Examples
Vi skal gjøre din smerte behagelig. - We will make your pain comfortable. (masculine/feminine noun)
Vi skal gjøre din kvalme behagelig. - We will make your nausea comfortable. (masculine/feminine noun)
Vi skal gjøre ditt ubehag behagelig. - We will make your discomfort comfortable. (neuter noun)
Vi skal gjøre deres sorg behagelig. - We will make your grief

comfortable. (plural noun)

Practice Dialog

Vi ønsker å fokusere på livskvalitet og smertefrihet nå.
Hva innebærer det konkret for oss?
Det betyr at vi justerer medisiner for å kontrollere symptomer og sørger for at dere får den støtten dere trenger.
Takk, det er godt å høre at omsorg og komfort er prioritert.

English translation:
We want to focus on quality of life and being free from pain now.
What does that mean for us, specifically?
It means we will adjust medications to control symptoms and ensure you get the support you need.
Thank you, it is good to hear that care and comfort are the priority.

Practice Scenario

Legen snakket stille med familien. "Behandlingen har nådd et punkt hvor vi bør fokusere på livskvalitet og lindring." De diskuterte palliativ behandling og muligheten for hospice. Familien stilte spørsmål om smertebehandling og praktiske ting. Samtalen var åpen og hensynsfull, med fokus på pasientens ønsker og verdighet i de siste ukene.

English translation:
The doctor spoke quietly with the family. "The treatment has reached a point where we should focus on quality of life and relief." They discussed palliative care and the possibility of hospice. The family asked questions about pain management and practical matters. The conversation was open and considerate, focusing on the patient's wishes and dignity in the final weeks.

REHABILITATION MEDICINE AND PHYSICAL THERAPY

Key Vocabulary

Hvordan har du det? - VOR-dan har doo deh - How are you feeling?
Behandling - beh-HAN-dling - Treatment
Fysioterapi - foo-see-oh-teh-rah-PEE - Physical therapy
Smerte - SMER-teh - Pain
Bevegelse - beh-VAY-ell-seh - Movement
Styrketrening - STIR-keh-tray-ning - Strength training
Gjenopptrening - YEN-op-tray-ning - Rehabilitation
Hvordan føles dette? - VOR-dan FUR-less DEH-teh - How does this feel?
Vennligst - VEN-ligst - Please
Takk for at du kommer - TAK for ah doo KOM-mer - Thank you for coming

Grammatical Examples

Vi skal gjennomgå øvelsen nøyaktig. - We will go through the exercise precisely.
Vi skal gjennomgå behandlingen nøyaktig. - We will go through the treatment precisely.
Vi skal gjennomgå rutinen nøyaktig. - We will go through the routine precisely.
Vi skal gjennomgå planen nøyaktig. - We will go through the plan precisely.

Practice Dialog

Vi ser gode fremskritt med bevegelsesområdet i kneet ditt.
Takk, men det gjør fortsatt veldig vondt når jeg prøver å gå.
Det er forventet. Vi skal jobbe med smertehåndtering og styrke i morgen.
Ja, jeg gleder meg til å komme i gang.

English translation:
We're seeing good progress with the range of motion in your knee.
Thank you, but it still hurts a lot when I try to walk.
That is expected. We will work on pain management and strength tomorrow.
Yes, I look forward to getting started.

Practice Scenario

Etter hofteoperasjonen begynte fysikalsk behandling. Fysioterapeuten instruerte Olav i sikre bevegelser for å gjenvinne bevegelighet og styrke. De jobbet med gangtrening og bruk av ganghjelpemidler. Gjennom flid og regelmessige øvelser økte funksjonsnivået hans. Målet var en trygg hverdagshåndtering og uavhengighet.

English translation: After the hip operation, physical therapy began. The physiotherapist instructed Olav in safe movements to regain mobility and strength. They worked on gait training and use of walking aids. Through diligence and regular exercises, his functional level increased. The goal was safe daily management and independence.

DEPRESSION AND ANXIETY SCREENING

Key Vocabulary
Hvordan har du det? - VOR-dan har doo deh - How are you doing?
Depresjon - dep-reh-SHOON - Depression
Angst - ANGST - Anxiety
Symptomer - symp-TOH-mer - Symptoms
Sovevansker - SOH-veh-vahn-sker - Sleep difficulties
Nedstemthet - NED-stemt-het - Low mood
Nervøsitet - ner-vøh-si-TET - Nervousness
Behandlingsmuligheter - be-HAN-dlings-moo-li-het-ter - Treatment options
Tilbakemelding - til-BAH-keh-mel-ding - Feedback
Fortrolighet - for-troo-li-het - Confidentiality

Grammatical Examples
Har De vært nedfor i det siste? - Have you been feeling down lately? (formal)
Har du vært nedfor i det siste? - Have you been feeling down lately? (informal)
Har De vært engstelig i det siste? - Have you been feeling anxious lately? (formal)
Har du vært engstelig i det siste? - Have you been feeling anxious lately? (informal)

Practice Dialog
Leger: Hvordan har du hatt det de siste ukene?
Pasient: Jeg føler meg veldig nedfor og engstelig, og sover dårlig.
Leger: Det høres vanskelig ut. Kan du fortelle litt mer om

hvordan det påvirker hverdagen din?
Pasient: Jeg orker nesten ikke å dra på jobb, og jeg unngår å møte venner.

English translation:
Doctor: How have you been feeling the last few weeks?
Patient: I've been feeling very down and anxious, and I'm sleeping poorly.
Doctor: That sounds difficult. Can you tell me a bit more about how it's affecting your daily life?
Patient: I can barely manage to go to work, and I'm avoiding meeting friends.

Practice Scenario
Lege: "Vi bruker en kort spørreundersøkelse for å vurdere humør og angst. Svar etter hvordan du har hatt det de siste to ukene."
Pasienten: "Jeg sover dårlig og er alltid sliten."
Etter å ha sett på skårene, nikker legen: "Takk for at du delte dette. Dine svar hjelper oss med å finne den beste støtten for deg."

English translation:
Doctor: "We use a short questionnaire to assess mood and anxiety. Answer based on how you've felt the last two weeks."
Patient: "I sleep poorly and am always tired."
After reviewing the scores, the doctor nods: "Thank you for sharing this. Your answers help us find the best support for you."

SUBSTANCE ABUSE COUNSELING AND TREATMENT

Key Vocabulary
Avhengighet - AH-ven-he-lig-het - Addiction
Rusmiddel - ROOS-mid-del - Substance
Behandlingsplan - beh-HAND-lings-plahn - Treatment plan
Avrusning - AHV-roos-ning - Detoxification
Tilbakefall - til-BAH-keh-fahl - Relapse
Hvordan har du det? - VOR-dan har doo deh? - How are you doing?
Jeg er her for å hjelpe deg - yai er her for oh YEL-peh dai - I am here to help you
Sunnere vaner - SUN-neh-re VAH-ner - Healthier habits
Støtte og veiledning - STØT-teh oh VAI-led-ning - Support and guidance
Dette er en trygg og konfidensiell samtale - DET-teh er en trygg oh kon-fi-den-siell SAM-tah-leh - This is a safe and confidential conversation

Grammatical Examples
Vi skal vurdere din behandlingsplan. - We will assess your treatment plan.
Vi skal vurdere deres behandlingsplan. - We will assess your treatment plan (formal).
De skal vurdere sin behandlingsplan. - You will assess your treatment plan (formal).

Du skal vurdere behandlingsplanen din. - You will assess your treatment plan.

Practice Dialog
Hvordan har du det med medisineringen mot avhengigheten?
Det har gått bra, men jeg sliter litt med søvnproblemer.
Det er en vanlig bivirkning. Skal vi justere dosen litt ned, så vi ser om det hjelper?
Ja, det vil jeg gjerne prøve. Takk for at du hører på meg.

English translation:
How are you doing with the medication for the addiction?
It's been going well, but I'm struggling a bit with sleep problems.
That is a common side effect. Should we adjust the dose down a bit, to see if that helps?
Yes, I would like to try that. Thank you for listening to me.

Practice Scenario
Legekontoret. Pasienten forteller om abstinenssymptomer og et ønske om å slutte. Legen lytter respektfullt, vurderer medisinsk assistanse for avvenning, og henviser til fastlegen for oppfølging og eventuell spesialistbehandling. De enes om en felles plan for trygg og stabil rehabilitering, med fokus på pasientens egenmestring og helse.

English translation:
The doctor's office. The patient describes withdrawal symptoms and a desire to quit. The doctor listens respectfully, considers medical assistance for detox, and refers to the GP for follow-up and possible specialist treatment. They agree on a joint plan for safe and stable rehabilitation, focusing on the patient's self-management and health.

EATING DISORDERS ASSESSMENT AND TREATMENT

Key Vocabulary

Spiseforstyrrelse - SPEE-seh-for-stir-rel-seh - Eating disorder
Hvordan har du det med mat? - VOR-den har doo deh meh maht - How do you feel about food?
Kroppsbilde - KROHPS-bil-deh - Body image
Vektutvikling - VEKT-oot-veek-ling - Weight development
Spisevaner - SPEE-seh-vah-ner - Eating habits
Er du fornøyd med kroppen din? - Er doo for-nøyd meh KROHPP-en deen - Are you content with your body?
Vi er her for å hjelpe deg - Vee ehr hehr for oh YEL-peh dæi - We are here to help you
Dette er ingens skyld - DET-teh ehr ING-ens shool - This is no one's fault
Behandlingsmuligheter - Beh-hand-lings-moo-lig-het-ter - Treatment options
Sammen skal vi finne en løsning - SAHM-men skahl vee FIN-neh en LØS-ning - Together we will find a solution

Grammatical Examples

Jeg skal vurdere spisevanene dine. - I will assess your eating habits. (informal, singular)
Jeg skal vurdere spisevanene deres. - I will assess your eating habits. (formal/plural)
Vi skal vurdere spisevanene dine. - We will assess your eating

habits. (informal, singular)
Vi skal vurdere spisevanene deres. - We will assess your eating habits. (formal/plural)

Practice Dialog
Vi har sett en bekymringsfull vektnedgang de siste månedene. Kan du fortelle meg litt om hvordan spisevanene dine er nå?
Jeg føler at jeg har kontroll, men jeg teller alle kalorier og tenker på mat hele tiden.
Det høres ut som det tar veldig mye plass. Vi skal lage en plan sammen, og det første steget er en time hos ernæringsfysiologen.
Takk. Jeg skjønner at jeg trenger hjelp, men jeg er redd for å legge på meg.

English translation:
We have noticed a concerning weight loss over the last few months. Can you tell me a little about what your eating habits are like now?
I feel like I'm in control, but I count every calorie and think about food all the time.
That sounds like it's taking up a lot of space. We will make a plan together, and the first step is an appointment with a nutritionist.
Thank you. I understand that I need help, but I'm afraid of gaining weight.

Practice Scenario
Lege: "Vi må vurdere spisevanene dine og utføre noen blodprøver. Behandlingen vil involvere ernæringsterapi og regelmessige oppfølginger. Det er viktig å snakke om følelsene dine også." Pasienten nikker. "Takk for at du hører på meg." Legen smiler vennlig. "Sammen finner vi en vei fremover."

English translation:
Doctor: "We need to assess your eating habits and perform some blood tests. The treatment will involve nutritional therapy and regular follow-ups. It's important to talk about your feelings

too." The patient nods. "Thank you for listening to me." The doctor smiles kindly. "Together we will find a way forward."

SLEEP DISORDERS AND SLEEP MEDICINE

Key Vocabulary

Søvnproblemer - SURN-pro-bleh-mer - Sleep problems
Søvnløshet - SURN-lurs-het - Insomnia
Søvnapné - SURN-ap-neh - Sleep apnea
Nattlig pustestans - NATT-lig PUST-eh-stans - Nocturnal breathing pauses
Søvnvaner - SURN-vah-ner - Sleep habits
Søvnhygiene - SURN-hyg-ee-en-eh - Sleep hygiene
Søvndagbok - SURN-dag-bok - Sleep diary
Nattlig uro - NATT-lig OO-roh - Nocturnal restlessness
Hvor mye sover du? - Vor MEE-eh SOH-ver doo? - How much do you sleep?
Hvordan sover du? - VOR-dan SOH-ver doo? - How do you sleep?

Grammatical Examples

Har De problemer med søvn? - Do you have problems with sleep? (formal)
Har du problemer med søvn? - Do you have problems with sleep? (informal)
Har De prøvd disse sovetablettene? - Have you tried these sleeping pills? (formal)
Har du prøvd disse sovetablettene? - Have you tried these sleeping pills? (informal)

Practice Dialog

Sov du bedre etter at vi justerte dosen?
Litt bedre, men jeg våkner fortsatt opp midt på natten.

Da kan vi vurdere en annen type melatonin med lengre virkning.
Takk, det høres ut som et godt forsøk verd.

English translation:
Did you sleep better after we adjusted the dose?
A little better, but I still wake up in the middle of the night.
Then we can consider a different type of melatonin with a longer duration.
Thank you, that sounds like it's worth a try.

Practice Scenario

Pasienten klager over kronisk søvnløshet. Legen gjennomgår søvnvaner og medisinbruk. De diskuterer bivirkninger av sovepiller og viktigheten av søvnhygiene. Det bestilles en polisomnografi for utredning. Legen anbefaler kognitiv atferdsterapi som førstevalg. Pasienten forstår behandlingsplanen og føler seg hørt.

English translation:
The patient complains of chronic insomnia. The doctor reviews sleep habits and medication use. They discuss side effects of sleeping pills and the importance of sleep hygiene. A polysomnography is ordered for investigation. The doctor recommends cognitive behavioral therapy as the first choice. The patient understands the treatment plan and feels heard.

COGNITIVE ASSESSMENT AND DEMENTIA SCREENING

Key Vocabulary
Hvordan har De det? - VOR-dan har dee deh? - How are you?
Hukommelse - HOO-kom-mel-seh - Memory
Navn - Navn - Name
Dagens dato - DAH-gens DAH-toh - Today's date
Sted - Sted - Place
Klokken - KLOK-ken - The time / The clock
Tegn en klokke - Taign en KLOK-keh - Draw a clock
Minneoppgave - MIN-neh-op-pgah-veh - Memory task
Takk for hjelpen - Takk for YEL-pen - Thank you for your help
Det går bra - Deh gor bra - That's fine / It's going well

Grammatical Examples
Kan du huske hva du het forrige uke? - Can you remember what you were called last week?
Kan du huske hva du het forrige måned? - Can you remember what you were called last month?
Kan du huske hva du het i fjor? - Can you remember what you were called last year?
Kan du huske hva du het da du var liten? - Can you remember what you were called when you were little?

Practice Dialog

Hvordan har det gått med minnet de siste månedene?
Noen ganger glemmer jeg hva jeg skulle hente, eller hva som ble sagt i en samtale.
Har du også lagt merke til noen endringer i hverdagsaktiviteter, som å betale regninger eller lage mat?
Ja, det har blitt mer vanskelig å holde oversikten, og noen ganger blir måltidene enkleere enn før.

English translation:
How has your memory been the past few months?
Sometimes I forget what I went to get, or what was said in a conversation.
Have you also noticed any changes in daily activities, like paying bills or preparing meals?
Yes, it has become more difficult to keep track of things, and sometimes the meals are simpler than before.

Practice Scenario

Lege: "Vi gjør en kort hukommelsesvurdering i dag. Kan du telle bakover fra 100 i syvere?" Pasienten forsøker, men stopper. "Jeg husker ikke." Lege: "Det er greit. Dette hjelper oss med å forstå hvordan vi kan støtte deg." De gjennomfører MMSE-testen for å kartlegge kognitiv funksjon og planlegge videre utredning.

STRESS MANAGEMENT AND MINDFULNESS COUNSELING

Key Vocabulary
Hvordan har du det? - VOR-dan har doo deh? - How are you doing?
Pust - poost - Breathe
Ta en pause - tah en PAU-seh - Take a break
Hva slags stress opplever du? - va slahks stress OP-ple-ver doo? - What kind of stress are you experiencing?
Hva tenker du på? - va TEN-ker doo po? - What are you thinking about?
La oss snakke om det - lah oss SNAH-keh om deh - Let's talk about it
Jeg forstår - yai for-STOR - I understand
Takk for at du delte det - tahk for at doo DEL-teh deh - Thank you for sharing that
Hva kan hjelpe deg? - va kan YEL-peh dai? - What can help you?
Vi tar det steg for steg - vee tahr deh stai for stai - We'll take it step by step

Grammatical Examples
Vi anbefaler denne teknikken for pasienten. - We recommend this technique for the patient (masculine).
Vi anbefaler denne teknikken for pasienten. - We recommend

this technique for the patient (feminine).
Vi anbefaler denne øvelsen for pasienten. - We recommend this exercise for the patient (masculine).
Vi anbefaler denne øvelsen for pasienten. - We recommend this exercise for the patient (feminine).

Practice Dialog

Hvordan har du det med å håndtere stresset i hverdagen?
Det føles overveldende. Jeg klarer ikke å slappe av.
Vi kan prøve en enkel pusteteknikk sammen. Vil du det?
Ja, det vil jeg gjerne. Jeg er åpen for forslag.

English translation:
How are you managing the stress in your daily life?
It feels overwhelming. I can't seem to relax.
We can try a simple breathing technique together. Would you like that?
Yes, I would. I am open to suggestions.

Practice Scenario

Legeen la merke til pasientens stress. "Vi kan jobbe med å redusere stressnivået ditt. Jeg anbefaler å puste dypt og bevisst. Mindfulness kan hjelpe deg med å håndtere smerten. Skal vi prøve noen enkle teknikker nå?" Pasienten nikket. De utførte en kort pusteøvelse sammen, og pasienten følte seg mer avslappet.

English translation:
The doctor noticed the patient's stress. "We can work on reducing your stress level. I recommend breathing deeply and mindfully. Mindfulness can help you manage the pain. Shall we try some simple techniques now?" The patient nodded. They performed a short breathing exercise together, and the patient felt more relaxed.

FAMILY THERAPY AND RELATIONSHIP COUNSELING

Key Vocabulary
Hvordan har du det? - VOR-dan har doo deh? - How are you doing?
Vi må snakke sammen - vee maw SNAH-keh SAH-men - We need to talk together
Forståelse - for-STAW-el-seh - Understanding
Samarbeid - SAH-mar-bayd - Cooperation
Tillit - TIL-lit - Trust
Konflikt - kon-FLIKT - Conflict
Følelser - FØR-lel-ser - Feelings
Kommunikasjon - kom-moo-ni-ka-SHOON - Communication
Respekt - res-PEKT - Respect
Hvordan går det hjemme? - VOR-dan gor deh YEM-meh? - How are things at home?

Grammatical Examples
Vi anbefaler familieterapi for hele deres familie. - We recommend family therapy for your entire family.
Vi anbefaler parterapi for hele deres familie. - We recommend couples counseling for your entire family.
Vi anbefaler familieterapi for hele din familie. - We recommend family therapy for your entire family.
Vi anbefaler parterapi for hele din familie. - We recommend couples counseling for your entire family.

Practice Dialog

Jeg ser at det har vært vanskelig for dere begge. Kan du fortelle meg hvordan du opplever situasjonen nå?
Jeg føler at jeg ikke blir hørt. Uansett hva jeg sier, så blir det misforstått.
Takk for at du deler det. Det er viktig å høre hvordan den andre har det. Hva er din opplevelse av dette?
Jeg skjønner at du føler deg ikke hørt, og det beklager jeg. Jeg vil også gjerne bli bedre på å lytte.

English translation:
I can see this has been difficult for both of you. Can you tell me how you are experiencing the situation now?
I feel like I'm not being heard. No matter what I say, it gets misunderstood.
Thank you for sharing that. It's important to hear how the other person is feeling. What is your experience of this?
I understand that you feel unheard, and I apologize for that. I also want to get better at listening.

Practice Scenario

Etter hjerteinfarkt henviste legen familien til terapi. De snakket om stress, kosthold og hvordan de kunne støtte hverandre. Terapeuten la vekt på åpen kommunikasjon og praktiske løsninger. Familien lærte å håndtere sykdommen sammen, noe som styrket deres bånd og forbedret pasientens helse.

English translation: After the heart attack, the doctor referred the family to therapy. They talked about stress, diet, and how they could support each other. The therapist emphasized open communication and practical solutions. The family learned to manage the illness together, which strengthened their bonds and improved the patient's health.

CRISIS INTERVENTION AND SUICIDE ASSESSMENT

Key Vocabulary

Hvordan har du det? - VOR-dan har doo deh - How are you doing?

Vi er her for å hjelpe deg. - Vee ehr hehr for oh YEL-peh dai - We are here to help you.

Takk for at du forteller meg dette. - Takh for at doo for-TELL-er mai DET-teh - Thank you for telling me this.

Har du tenkt på å ta ditt eget liv? - Har doo tenkt poh oh tah dit AI-eh leev - Have you thought about taking your own life?

Har du en plan? - Har doo ehn plahn - Do you have a plan?

Hva gjør vondt akkurat nå? - Vah yur vont ah-koo-rat noh - What is hurting right now?

Dette er en vanskelig situasjon. - DET-teh ehr ehn VAHN-skeh-lee sih-tu-ah-shun - This is a difficult situation.

Jeg er bekymret for deg. - Yai ehr beh-SHEE-mret for dai - I am worried about you.

Kan vi snakke sammen om hvordan du har det? - Kan vee SNAH-keh SAH-men ohm VOR-dan doo har deh - Can we talk together about how you are feeling?

Vi skal finne en løsning sammen. - Vee skahl FIN-neh ehn LURN-ing SAH-men - We will find a solution together.

Grammatical Examples

Har De tanker om å ta livet Deres? - Are you having thoughts about taking your life? (formal)

Har du tanker om å ta livet ditt? - Are you having thoughts about taking your life? (informal)

Har pasienten tanker om å ta livet sitt? - Is the patient having thoughts about taking their life? (3rd person)

Har vi vurdert alle risikofaktorene våre? - Have we assessed all of our risk factors? (1st person plural)

Practice Dialog

Hørte du at pasienten nevnte selvmordstanker under samtalen?
Ja, hun sa at hun føler seg håpløs og ikke ser noen vei ut.
Vi må dokumentere dette og umiddelbart vurdere hen for akuttpsykiatrisk hjelp.
Jeg henter vurderingsskjemaet og varsler akutteamet.

English translation:
Did you hear the patient mention suicidal thoughts during the conversation?
Yes, she said she feels hopeless and doesn't see a way out.
We must document this and immediately assess her for acute psychiatric help.
I will get the assessment form and alert the acute team.

Practice Scenario

Lege: "Du virker veldig nedfor." Pasienten tier. "Har du tenkt på å ta ditt eget liv?" Et svakt nikk. Legen sitter ned: "Kan du fortelle meg mer?" De gjennomgår en plan for sikkerhet sammen. Legen lytter uten dom, ordner oppfølging og enighet om en felles plan. "Takk for at du forteller meg dette."

English translation:
Doctor: "You seem very down." The patient is silent. "Have you thought about taking your own life?" A faint nod. The doctor sits down: "Can you tell me more?" They review a safety plan together. The doctor listens without judgment, arranges follow-up and agreement on a joint plan. "Thank you for telling me this."

ADHD AND LEARNING DISABILITIES

Key Vocabulary
ADHD - ah-day-hah-day - ADHD
Lærevansker - LEH-reh-vahn-skehr - Learning difficulties
Oppmerksomhetssvikt - OP-mehrk-som-hets-sveekt - Attention deficit
Hyperaktivitet - hee-per-ak-tee-vee-TET - Hyperactivity
Konsentrasjonsvansker - kon-sen-trah-SYOONS-vahn-skehr - Concentration difficulties
Hjernetrim - YAIR-neh-trim - Brain training (Cognitive training)
Støtteordninger - STUH-teh-ord-ning-ehr - Support arrangements
Medikamentell behandling - meh-di-ka-men-TELL beh-HAND-ling - Medication treatment
Utredning - OO-tred-ning - Assessment/Evaluation
Hverdagslivet - VEHR-dags-lee-vet - Everyday life

Grammatical Examples
Jeg skal undersøke den lille gutten. - I will examine the little boy.
Jeg skal undersøke den lille jenta. - I will examine the little girl.
Jeg skal undersøke det lille barnet. - I will examine the little child.
Jeg skal undersøke den lille pasienten. - I will examine the little patient.

Practice Dialog
Leger: Vi ser at det er utfordringer med oppmerksomhet og å huske ny informasjon.

Pasient: Ja, det føles som om hjernen min har for mange faner åpne samtidig.
Leger: Forståelig. La oss se nærmere på dette sammen, og finne strategier som passer for deg.
Pasient: Takk, det hadde vært veldig hjelpsomt. Jeg ønsker å klare meg bedre.

English translation:
Doctor: We see that there are challenges with attention and remembering new information.
Patient: Yes, it feels like my brain has too many tabs open at once.
Doctor: Understandable. Let's look closer at this together and find strategies that work for you.
Patient: Thank you, that would be very helpful. I want to manage better.

Practice Scenario
Lege: "Fortell om medisineringen."
Pasienten: "Jeg glemmer den av og til. Doseringen er uklar på esken."
Lege: "Forståelig. La oss lage en enkel rutine sammen. En telefonalarm og en dosett vil hjelpe. Jeg skriver tydelig instruks på en egen lapp. Slik blir det enklere å huske."
Pasienten smiler, lettet.

English translation:
Doctor: "Tell me about the medication."
Patient: "I forget it sometimes. The dosage is unclear on the box."
Doctor: "Understandable. Let's make a simple routine together. A phone alarm and a dosette will help. I'll write clear instructions on a separate note. That will make it easier to remember."
The patient smiles, relieved.

AUTISM SPECTRUM DISORDERS ASSESSMENT

Key Vocabulary
Autisme spektrum forstyrrelse - ah-tis-meh spek-trum for-sty-rehl-se - Autism spectrum disorder
Vurdering - vur-deh-ring - Assessment
Utviklingshistorie - ut-vik-lings-his-to-rie - Developmental history
Sosiale ferdigheter - so-shah-le fer-dig-heh-ter - Social skills
Kommunikasjon - kom-mu-ni-ka-shon - Communication
Sensoriske sanser - sen-so-ris-ke san-ser - Sensory senses
Tilpasning - til-pas-ning - Adaptation
Støtte og veiledning - støt-te oh vei-led-ning - Support and guidance
Hva opplever du? - va op-le-ver du - What do you experience?
Respekt for din måte å være på - res-pekt for din mo-te å ve-re po - Respect for your way of being

Grammatical Examples
Vi skal vurdere barnet ditt for autismespekterforstyrrelser. - We are going to assess your child for autism spectrum disorders (informal, singular).
Vi skal vurdere barnet deres for autismespekterforstyrrelser. - We are going to assess your child for autism spectrum disorders (formal/plural).
Jeg skal vurdere barnet ditt for autismespekterforstyrrelser. - I

am going to assess your child for autism spectrum disorders (informal, singular).
Jeg skal vurdere barnet deres for autismespekterforstyrrelser. - I am going to assess your child for autism spectrum disorders (formal/plural).

Practice Dialog
Har du lagt merke til om barnet reagerer uvanlig på lyder eller berøring?
Ja, det virker som om noen lyder er veldig plagsomme, mens berøring nesten ikke merkes.
Takk, det er nyttig informasjon. Observerer dere også utfordringer med å skifte mellom aktiviteter?
Ja, overganger mellom for eksempel lek og måltid kan være vanskelige og føre til motstand.

English translation:
Have you noticed if the child reacts unusually to sounds or touch?
Yes, it seems like some sounds are very bothersome, while touch is almost not noticed.
Thank you, that is useful information. Do you also observe challenges with switching between activities?
Yes, transitions between, for example, play and meals can be difficult and lead to resistance.

Practice Scenario
Legekontoret var stille. Den unge pasienten så ned og stimmet med hendene. Foreldrene svarte på spørsmål om tidlig utvikling og sosiale vanskeligheter. Legen lyttet nøye og brukte tydelig, direkte språk. "Takk for at du deler dette," sa legen rolig. Observasjoner og historie ville danne grunnlaget for en grundig vurdering.

English translation:
The doctor's office was quiet. The young patient looked down and stimmed with their hands. The parents answered questions about early development and social difficulties. The doctor

listened carefully and used clear, direct language. "Thank you for sharing this," the doctor said calmly. Observations and history would form the basis for a thorough assessment.

CARDIAC CATHETERIZATION AND INTERVENTIONAL PROCEDURES

Key Vocabulary

Hjertekateterisering - YER-teh-kah-teh-teh-REE-seh-ring - Cardiac catheterization

Hvordan har De det? - VOR-dan har dee deh? - How are you? (formal)

Vi skal undersøke hjertet deres - vee skahl OON-der-shuh-ker YER-tet deh-res - We are going to examine your heart

Ligg stille, er De snill? - lig STIL-leh, er dee snill? - Please lie still

Dette kan føles ubehagelig - DET-teh kan FØH-les oo-beh-HAHG-eh-lee - This may feel uncomfortable

Lokalbedøvelse - loh-KAHL-beh-døv-el-seh - Local anesthesia

De kan føle en varmefølelse - dee kan FØH-leh en VAR-meh-føl-el-seh - You may feel a warm sensation

Resultatene - reh-suhl-TAH-teh-neh - The results

Inngrepet - ING-greh-pet - The procedure

Takk for at De er så tålmodig - takk for ah dee er så TOL-moh-dee - Thank you for being so patient

Grammatical Examples

Vi skal utføre en hjertekateterisering. - We are going to perform a cardiac catheterization.
De skal utføre en hjertekateterisering. - They are going to perform a cardiac catheterization.
Jeg skal utføre en hjertekateterisering. - I am going to perform a cardiac catheterization.
Du skal utføre en hjertekateterisering. - You are going to perform a cardiac catheterization.

Practice Dialog
Vi skal innføre et tynt rør, en kateter, gjennom håndleddet for å undersøke hjertet ditt.
Er det noen sjanse for komplikasjoner under inngrepet?
Prosedysen er svært trygg, men som ved alle inngreper kan det forekomme blødning eller infeksjon.
Takk for informasjonen. Vi har tillit til at dere gjør en god jobb.

English translation:
We will insert a thin tube, a catheter, through the wrist to examine your heart.
Is there any chance of complications during the procedure?
The procedure is very safe, but as with all interventions, bleeding or infection can occur.
Thank you for the information. We trust that you will do a good job.

Practice Scenario
Legen gjennomførte hjertekateterisering. Via arterien i håndleddet førtes kateteret opp til hjertet. Røntgen kontrollerte plasseringen. Prosedyren viste en forsnevret kransarterie. Umiddelbart ble en ballong utvidet og et stent implantert for å gjenåpne blodstrømmen. Pasienten var under lokalbedøvelse og følte bare lett trykk. Resultatet var godt, og pasienten kunne hvile.

English translation:
The doctor performed a cardiac catheterization. Via the artery in the wrist, the catheter was guided to the heart. X-ray controlled

the placement. The procedure revealed a narrowed coronary artery. Immediately, a balloon was expanded and a stent implanted to reopen the blood flow. The patient was under local anesthesia and felt only slight pressure. The result was good, and the patient could rest.

ENDOSCOPIC PROCEDURES AND COLONOSCOPY

Key Vocabulary
Vær så snill å ligge på venstre side - Vair soh snill oh LIGG-eh poh VEN-streh SID-eh - Please lie on your left side
Vi skal gjøre en undersøkelse - Vee skahl YUR-eh en OON-ehr-suh-kehl-seh - We are going to do an examination
Dere vil føle litt ubehag - Deh-reh vil FUR-leh litt OO-beh-hahg - You will feel some discomfort
Prøv å slappe av - Prurv oh SLAPP-eh ahv - Try to relax
Dyp pust - Deep poost - Deep breath
Skal vi ta en prøve? - Skahl vee tah en PRUR-veh? - Shall we take a sample?
Resultatene - Reh-sool-TAH-teh-neh - The results
Takk for samarbeidet - Tahkk fohr SAH-mahr-bay-deht - Thank you for your cooperation
Hvordan føler De seg nå? - VOHR-dahn FUR-lehr Deh say noh? - How are you feeling now? (formal)
Dere får en mild beroligende middel - Deh-reh fohr en mild beh-ROH-lee-gehn-deh MID-dehl - You will receive a mild sedative

Grammatical Examples
Vi skal utføre en koloskopi for å undersøke tykktarmen din. - We will perform a colonoscopy to examine your colon (informal, masculine).
Vi skal utføre en koloskopi for å undersøke endetarmen din. - We

will perform a colonoscopy to examine your rectum (informal, masculine).
Vi skal utføre en koloskopi for å undersøke tykktarmen Deres. - We will perform a colonoscopy to examine your colon (formal, masculine).
Vi skal utføre en koloskopi for å undersøke endetarmen Deres. - We will perform a colonoscopy to examine your rectum (formal, masculine).

Practice Dialog

Er du klar for at vi skal starte undersøkelsen?
Ja, jeg er klar. Husk å puste rolig og jevnt underveis.
Jeg ser noen små polyper som jeg vil anbefale å fjerne. Er det greit?
Ja, det er helt greit. Gjør det du mener er nødvendig.

English translation:
Are you ready for us to begin the examination?
Yes, I am ready. Remember to breathe calmly and evenly throughout.
I see a few small polyps that I would recommend removing. Is that alright?
Yes, that is perfectly fine. Please do what you feel is necessary.

Practice Scenario

Legen forklarte nøye forundersøkelsen og koloskopiprocedyren. Underveis viste skjermen polypper. Pasienten, som hadde fått sedasjon, kommuniserte rolig. Legen fjernet de små polypene forsiktig. Etterpå ble funnene diskutert, og en plan for oppfølging ble lagt. Alt materiale ble sendt til patologi. Pasienten forsto viktigheten av rutinemessig screening for tidlig oppdagelse.

English translation:
The doctor carefully explained the preliminary examination and the colonoscopy procedure. During the procedure, the screen showed polyps. The patient, who had received sedation, communicated calmly. The doctor carefully removed the small

polyps. Afterwards, the findings were discussed, and a plan for follow-up was made. All material was sent to pathology. The patient understood the importance of routine screening for early detection.

BRONCHOSCOPY AND PULMONARY PROCEDURES

Key Vocabulary

Vi skal undersøke luftveiene dine - Vee skahl oon-SUR-keh LOOFT-vy-eh-neh dee-neh - We are going to examine your airways

Lungeprosedyrer - LUNG-eh-proh-seh-DY-rer - Pulmonary procedures

Bronkoskopi - Bron-koh-skoh-PEE - Bronchoscopy

Vær så snill og svelg - Ver soh snill oh svelg - Please swallow

Dere vil føle en trykkfornemmelse - Dee-reh vil FUR-leh en TRYK-for-nem-mel-seh - You will feel a sensation of pressure

Dere må prøve å slappe av - Dee-reh moh PRUR-veh oh SLAP-peh ahv - You must try to relax

Dette kan være ubehagelig - DET-teh kan VEH-reh oo-beh-HAHG-eh-lig - This might be uncomfortable

Hvor føler dere smerte? - Vor FUR-ler dee-reh SMER-teh? - Where do you feel pain?

Vi er ferdige snart - Vee ehr FER-dee-eh snart - We will be finished soon

Takk for at dere var så modig - Tahk for aht dee-reh var soh MOH-dig - Thank you for being so brave

Grammatical Examples

Vi skal utføre en bronkoskopi for å undersøke lungene dine. - We will perform a bronchoscopy to examine your lungs.

Vi skal utføre en bronkoskopi for å undersøke lungene deres. - We will perform a bronchoscopy to examine your lungs (formal).
Vi skal utføre en lungebiopsi for å undersøke vevet ditt. - We will perform a lung biopsy to examine your tissue.
Vi skal utføre en lungebiopsi for å undersøke vevet deres. - We will perform a lung biopsy to examine your tissue (formal).

Practice Dialog
Vi skal gjøre en bronkoskopi for å se nærmere på luftveiene dine.
Er det noen særlige farer med dette inngrepet?
Det er svært sikkert, men som ved alle prosedyrer kan det forekomme litt hoste eller hese stemme etterpå.
Takk for informasjonen. Det hjelper på bekymringene våre.

English translation:
We are going to perform a bronchoscopy to get a closer look at your airways.
Are there any specific risks with this procedure?
It is very safe, but as with all procedures, some coughing or a hoarse voice can occur afterwards.
Thank you for the information. That helps with our concerns.

Practice Scenario
Legen forberedte pasienten på bronkoskopien. "Vi skal undersøke luftveiene dine nøye," sa hun rolig. Under prosedyren fant de en fremmedlegeme i en bronkie. Den ble fjernet forsiktig med en tang. Pasienten, under sedasjon, var stabil. Prøver ble sendt til patologien for videre analyser. Alt gikk som planlagt.

English translation:
The doctor prepared the patient for the bronchoscopy. "We will examine your airways carefully," she said calmly. During the procedure, they found a foreign object in a bronchus. It was removed gently with forceps. The patient, under sedation, was stable. Samples were sent to pathology for further analysis. Everything went as planned.

LUMBAR PUNCTURE AND CEREBROSPINAL FLUID ANALYSIS

Key Vocabulary

Ryggmargsvæske - Rigg-margz-ves-keh - Cerebrospinal fluid
Lumbalpunktur - Lum-bal-punk-tur - Lumbar puncture
Vær så snill å legge Dem på siden - Ver so snill o legge dem po siden - Please lie on your side
Vi skal forsøke å være så forsiktige som mulig - Vi skal for-sø-keh o vere so for-sik-ti-ge som moo-lig - We will try to be as gentle as possible
Dette kan føles ubehagelig - Det-te kan fø-les oo-be-hag-e-lig - This may feel uncomfortable
Vær så snill å være helt stille - Ver so snill o vere helt stil-le - Please try to be very still
Prøven vil bli analysert - Prø-ven vil bli ana-ly-sert - The sample will be analyzed
Har De noen spørsmål? - Har dem no-en spørs-mål? - Do you have any questions?
Takk for at De er tålmodig - Takk for at dem er tol-mo-dig - Thank you for your patience
Det er viktig å hvile etterpå - Det er vik-tig o vil-le et-ter-po - It is important to rest afterwards

Grammatical Examples

Vi skal gjennomføre en lumbalpunksjon. - We are going to perform a lumbar puncture.

Vi skal analysere cerebrospinalvæsken. - We are going to analyze the cerebrospinal fluid.

Vi skal vurdere resultatene sammen. - We are going to evaluate the results together.

Vi skal snakke om funnene i morgen. - We are going to talk about the findings tomorrow.

Practice Dialog

Vi skal gjøre en lumbalpunksjon for å ta en prøve av ryggmargsvæsken.

Er det farlig? Hva skal dere undersøke?

Det er en rutineundersøkelse. Vi sjekker for infeksjon eller betennelse i nervesystemet.

Takk for informasjonen. Vi setter pris på det.

English translation:

We are going to do a lumbar puncture to take a sample of the cerebrospinal fluid.

Is it dangerous? What are you checking for?

It is a routine examination. We are checking for infection or inflammation in the nervous system.

Thank you for the information. We appreciate it.

Practice Scenario

Pasienten lå på siden. Legen lokaliserte intervertebralrommet og desinficerte huden. Etter lokalbedøvelse ble det innført en tynn nål for å utta cerebrospinalvæske. Prøven ble sendt til laboratorium for analyse av celler, protein og glukose for å påvise eller utelukke betennelse. Pasienten ble observert etter prosedyren.

BONE MARROW BIOPSY PROCEDURES

Key Vocabulary

Vi skal gjøre en beinmargsundersøkelse - Vee skahl YUR-eh en BAYN-margz-oon-der-søk-el-seh - We are going to do a bone marrow examination

Dette er en rutineundersøkelse - DET-eh air en roo-TEEN-eh-oon-der-søk-el-seh - This is a routine examination

Vennligst ligg på siden - VENN-ligst ligg poh SEE-den - Please lie on your side

Jeg vil nå gi deg en lokalbedøvelse - Yai vil naw yee dai en loo-KAHL-be-døv-el-seh - I will now give you a local anesthetic

Du vil føle et stikk og et trykk - Doo vil FØ-leh et stikk oh et trykk - You will feel a prick and a pressure

Vær så snill å ligge så stille som mulig - Vær saw snill aw ligge saw STILL-eh som MOO-lig - Please lie as still as possible

Etterpå må du hvile i en time - ET-ter-paw maw doo VEE-leh ee en TEE-meh - Afterwards, you must rest for one hour

Det er viktig å ha noen med seg hjem - Det air VIK-tig aw haw NOH-en med sai yem - It is important to have someone with you to go home

Har du noen spørsmål? - Har doo NOH-en SPØRS-mawl - Do you have any questions?

Takk for din tillit - Tukk for deen till-EET - Thank you for your trust

Grammatical Examples

Vi skal ta en beinmargsprøve. - We are going to take a bone

marrow biopsy.
Jeg skal ta en beinmargsprøve. - I am going to take a bone marrow biopsy.
Du skal få en beinmargsprøve. - You are going to get a bone marrow biopsy.
Pasienten skal få en beinmargsprøve. - The patient is going to get a bone marrow biopsy.

Practice Dialog
Vi skal gjøre en prøve fra beinmargen for å finne ut hva som forårsaker de lave blodverdiene.
Ja, jeg forstår. Hvor på kroppen skal dere gjøre det?
Vi gjør det i korsryggen, og du vil få lokalbedøvelse så det skal ikke gjøre for vondt.
Takk for at du forklarer. Jeg er klar, la oss komme i gang.

English translation:
We are going to do a bone marrow biopsy to find out what is causing the low blood counts.
Yes, I understand. Where on the body will you do it?
We will do it in the hip bone, and you will receive local anesthesia so it shouldn't be too painful.
Thank you for explaining. I am ready, let's get started.

Practice Scenario
Pasienten lå på siden. Legen forklarte prosedyren: «Vi vil gi lokalbedøvelse og ta en liten prøve fra bekkenet.» Etter rengjøring og bedøvelse, utførte legen biopsien. Pasienten følte et trykk og en kort, dyp smerte. Prøven ble sendt til laboratoriet. «Bra gjort,» sa sykepleieren. De ga ettervårdsinstruksjoner før pasienten kunne hvile.

English translation:
The patient lay on their side. The doctor explained the procedure: "We will give local anesthesia and take a small sample from the hip bone." After cleaning and anesthesia, the doctor performed the biopsy. The patient felt pressure and a brief, deep pain. The sample was sent to the laboratory. "Well done," said the

nurse. They provided aftercare instructions before the patient could rest.

ADVANCED IMAGING INTERPRETATION (MRI, CT, PET)

Key Vocabulary

Vi vil nå se på bildene sammen - Vee vil naw seh paw BIL-deh-neh sah-mmen - We will now look at the images together

Dette er et normalt funn - DET-teh air et nor-MALT foon - This is a normal finding

Vi ser en forandring her - Vee sair en for-AN-dring hair - We see a change here

Kan du vise meg hvor det gjør vondt? - Kan doo VEE-seh my vor deh yur vont? - Can you show me where it hurts?

Vi har funnet en utvekst - Vee har FOON-net en OOT-vekst - We have found a growth

Bildene viser et brudd - BIL-deh-neh VEE-ser et brood - The images show a fracture

Leggen Deres - LEG-gen DEH-res - Your leg (formal)

Det kreves en nærmere undersøkelse - Det KREH-ves en NAIR-meh-reh oon-deh-SHUR-keh-seh - A closer examination is required

Vi må ta en kontroll om seks måneder - Vee maw tah en kon-TROLL ohm seks MUR-neh-der - We must do a follow-up in six months

Takk for at du kom i dag - Takk for ah doo kom ee dahg - Thank you for coming in today

Grammatical Examples

Vi må vurdere MR-avbildningene nøye. - We must assess the MRI images carefully.
Vi må vurdere CT-avbildningene nøye. - We must assess the CT images carefully.
Vi må vurdere PET-avbildningene nøye. - We must assess the PET images carefully.
Vi må vurdere røntgenavbildningene nøye. - We must assess the X-ray images carefully.

Practice Dialog
Vi ser her på MR-en at det er en liten forandring i hjernestammen, men den ser godartet ut.
Så det er ikke noe å bekymre seg for?
Nei, absolutt ikke. Vi vil likevel følge den opp med en ny kontroll om ett år for å være helt sikre.
Tusen takk, det var veldig godt å høre.

English translation:
We can see here on the MRI that there is a small change in the brainstem, but it appears benign.
So it's nothing to worry about?
No, absolutely not. We will still follow it up with a new scan in one year to be completely sure.
Thank you so much, that is very good to hear.

Practice Scenario
Radiologen studerte MR-avbildingen nøye. Den ukjente strukturen i hjernen var tydelig. Han diskuterte funnene med kollegaen og sammenlignet med tidligere CT-bilder. De konkluderte med at det var en godartet svulst. Legen informerte pasienten på en rolig og ærlig måte om resultatene og den planlagte oppfølgingen.

English translation:
The radiologist studied the MRI scan carefully. The unknown structure in the brain was clear. He discussed the findings with his colleague and compared them to previous CT scans. They concluded it was a benign tumor. The doctor informed the

patient of the results and the planned follow-up in a calm and honest manner.

GENETIC TESTING AND COUNSELING

Key Vocabulary

Genetisk testing - geh-NEH-tisk TEST-ing - Genetic testing
Genetisk rådgivning - geh-NEH-tisk ROD-giv-ning - Genetic counseling
Arvelig sykdom - AR-veh-lig SYK-dom - Hereditary disease
Vi vil ta en prøve - vee vil tah en PRØ-veh - We would like to take a sample
Dette er helt konfidensielt - DET-teh er helt kon-fi-den-si-ELL - This is completely confidential
Resultatene - re-sul-TAH-teh-neh - The results
Hva innebærer dette for familien din? - vah IN-eh-bær-er DET-teh for fa-mi-LI-en din - What does this mean for your family?
Vi anbefaler en vurdering - vee an-be-FAH-ler en vur-DEH-ring - We recommend an evaluation
Det er en vanskelig situasjon - det er en VAN-skeh-lig si-tu-a-SJON - This is a difficult situation
Takk for at du kom i dag - takk for ah du kom i dahg - Thank you for coming in today

Grammatical Examples

Vi anbefaler genetisk testing for din situasjon. - We recommend genetic testing for your situation.
Vi anbefaler genetisk testing for deres situasjon. - We recommend genetic testing for your situation. (formal/plural)
Vi anbefaler genetisk testing for deres datter. - We recommend genetic testing for your daughter.

Vi anbefaler genetisk testing for din sønn. - We recommend genetic testing for your son.

Practice Dialog
Hva kan vi forvente av denne genetiske testingen?
Den kan bekrefte om det er en arvelig tilstand i familien, og gi oss et bedre grunnlag for å forebygge.
Hvordan påvirker dette mine barn?
Resultatene vil hjelpe oss med å vurdere risikoen deres, og vi tilbyr alltid veiledning til hele familien.

English translation:
What can we expect from this genetic testing?
It can confirm if there's an inherited condition in the family and give us a better foundation for prevention.
How does this affect my children?
The results will help us assess their risk, and we always offer counseling to the entire family.

Practice Scenario
Hun hadde en sterk familiehistorie med brystkreft. Genetisk rådgiver forklarte muligheten for en arvelig variant. Etter grundig veiledning og samtykke, gjennomførte de en genetisk test. Resultatet viste en patogen BRCA1-variant. De diskuterte tiltak for tidlig oppdagelse og risikoreduksjon. Familien ble tilbudt oppfølging og egne veiledningstimer.

ALLERGY TESTING AND IMMUNOLOGICAL ASSESSMENTS

Key Vocabulary
Allergitest - ahl-lehr-ghee-test - Allergy test
Hvordan føler De Dem? - vor-dan fuh-ler de dem? - How are you feeling? (formal)
Blodprøve - bloo-proo-veh - Blood test
Hudprikktest - hood-prikk-test - Skin prick test
Unnskyld, dette kan kjennes litt ubehagelig - oon-shild, deh-teh kan shen-nes litt oo-beh-hah-geh-leeg - Excuse me, this might feel a bit uncomfortable
Resultatene - reh-sool-tah-teh-neh - The results
Overfølsomhet - oh-ver-fuhl-som-hayt - Hypersensitivity/allergy
Immunforsvaret - im-moon-for-svar-et - The immune system
Vi må finne ut hva De reagerer på - vee maw fin-neh oot va de re-ah-geh-rer paw - We need to find out what you are reacting to (formal)
Er det noen medisiner De ikke tåler? - ehr deh noo-en meh-dee-see-ner de ik-ke taw-ler? - Are there any medications you cannot tolerate? (formal)

Grammatical Examples
Vi skal teste deg for allergier. - We will test you for allergies.

Vi skal teste henne for allergier. - We will test her for allergies.
Vi skal teste ham for allergier. - We will test him for allergies.
Vi skal teste dem for allergier. - We will test them for allergies.

Practice Dialog

Vi har sett på resultatene fra allergitestene dine, og de viser en reaksjon på nøtter og pollen.

Takk for informasjonen. Betyr det at jeg må unngå alle typer nøtter, eller er det noen spesifikke?

Ut fra blodprøvene ser det ut som det er hovedsakelig hasselnøtter og valnøtter. Vi vil også gjøre en nærmere vurdering av immunresponsen din for å se på alvorlighetsgraden.

Det forstår jeg. Hva er neste steg for å lage en god håndteringsplan?

English translation:
We have reviewed the results of your allergy tests, and they show a reaction to nuts and pollen.

Thank you for the information. Does that mean I need to avoid all types of nuts, or are there some specific ones?

Based on the blood tests, it appears to be mainly hazelnuts and walnuts. We will also do a further assessment of your immune response to look at the severity.

I understand. What is the next step for creating a good management plan?

Practice Scenario

Hun hadde vedvarende nesebetennelse. Allergitesten viste sterk reaksjon på bjørkepollen. Leggen forklarte resultatene tydelig og foreslo en immunterapibehandling. De diskuterte hvordan hun kunne unngå allergener i hverdagen. Pasienten forsto planen og ble henvist til sykepleier for videre veiledning om injeksjonsbehandlingen.

English translation: She had persistent rhinitis. The allergy test showed a strong reaction to birch pollen. The doctor explained the results clearly and suggested an immunotherapy treatment.

They discussed how she could avoid allergens in daily life. The patient understood the plan and was referred to a nurse for further guidance on the injection treatment.

FERTILITY TESTING AND REPRODUCTIVE ENDOCRINOLOGY

Key Vocabulary

Fruktbarhetstesting - FROOKT-bar-hets-test-ing - Fertility testing
Reproduktiv endokrinologi - reh-proh-dook-TEEV en-doh-kree-noh-loh-GEE - Reproductive endocrinology
Hormonnivåer - hor-MOHN-ni-vaw-er - Hormone levels
Eggstokkene - EGG-stok-ken-eh - The ovaries
Sædceller - SED-sel-ler - Sperm cells
Menstruasjonssyklus - men-stroo-ah-SHUNS-syk-lus - Menstrual cycle
Ultralydundersøkelse - UL-tra-lewd-un-er-søk-el-se - Ultrasound examination
Prøveresultatene - PRØ-veh-reh-sul-tat-en-eh - The test results
Behandlingsalternativer - beh-HAND-lings-al-ter-nah-tee-ver - Treatment options
Vi skal gjøre en grundig utredning - vee skahl YUR-eh en GRUN-dig OO-tred-ning - We will do a thorough investigation

Grammatical Examples

Vi skal teste hormonene dine. - We will test your hormones (informal, singular).
Vi skal teste hormonene deres. - We will test your hormones (formal/plural).
Jeg skal teste hormonene dine. - I will test your hormones

(informal, singular).
Jeg skal teste hormonene deres. - I will test your hormones (formal/plural).

Practice Dialog

Vi har fått tilbake resultatene fra hormonanalysen din.
Hva viser de?
Nivåene dine er lave, noe som kan forklare vansker med å bli gravid.
Skal vi gå gjennom behandlingsalternativene sammen?

English translation:
We have received the results of your hormone analysis.
What do they show?
Your levels are low, which could explain the difficulties with getting pregnant.
Shall we go through the treatment options together?

Practice Scenario

Hun hadde prøvd i to år. Endokrinologen gjennomgikk resultatene av hormonprofilen og ultralyden. "Vi ser en ubalanse som kan korrigeres," sa legen rolig og forklarte mulighetene med medikamentell stimulering og inseminasjon. De diskuterte planen på en åpen og informert måte, med fokus på neste steg i behandlingsforløpet.

English translation:
She had been trying for two years. The endocrinologist reviewed the results of the hormone panel and the ultrasound. "We see an imbalance that can be corrected," the doctor said calmly and explained the options with medication stimulation and insemination. They discussed the plan in an open and informed manner, focusing on the next step in the treatment process.

TRANSPLANT MEDICINE CONSULTATIONS

Key Vocabulary
Transplantasjon - trahn-splahn-tah-SYOON - Transplantation
Nyre - NYOO-reh - Kidney
Lever - LEH-ver - Liver
Avstøtning - AHV-støt-ning - Rejection
Immunsuppresiv medisin - im-MOON-sup-pre-SEEV meh-di-SEEN - Immunosuppressive medicine
Legemiddel - LEH-geh-mid-del - Medication
Bivirkning - BEE-veer-kning - Side effect
Hvordan har De det? - VOR-dan har Deh deh? - How are you? (formal)
Vi må overvåke Deres tilstand nøye - Vee maw oh-ver-VAW-keh DEH-res TIL-stand NØ-ye - We must monitor your condition closely (formal)
Takk for at De kom i dag - Tahk for aht Deh kom ee dahg - Thank you for coming in today (formal)

Grammatical Examples
Vi må vente på resultatene deres. - We must wait for your results (plural/formal).
Vi må vente på resultatet ditt. - We must wait for your result (neuter singular).
Vi må vente på resultatene dine. - We must wait for your results (plural).

Vi må vente på resultatet hans. - We must wait for his result (neuter singular).

Practice Dialog

Hvordan går det med nyremålingen din etter transplantasjonen?
Den har vært stabil, men jeg føler meg litt sliten i det siste.
Det er vanlig. La oss ta en blodprøve for å sjekke at alt er som det skal være.
Takk, det setter jeg stor pris på.

English translation:
How is your new kidney function after the transplantation?
It has been stable, but I have been feeling a bit tired lately.
That is common. Let's do a blood test to make sure everything is as it should be.
Thank you, I really appreciate that.

Practice Scenario

Legen forklarte at pasienten var godkjent for nyre. De gjennomgikk vurderingen av immunhemmende medisiner og livsstilsendringer. Pasienten stilte klare spørsmål om bivirkninger og oppfølging. De ble enige om en plan for forberedelser til transplantasjonen. Samtalen var åpen og informativ for å sikre beste mulige utfall.

English translation: The doctor explained that the patient was approved for a kidney. They reviewed the assessment of immunosuppressive medications and lifestyle changes. The patient asked clear questions about side effects and follow-up. They agreed on a plan for preparations for the transplantation. The conversation was open and informative to ensure the best possible outcome.

VACCINATION SCHEDULES AND IMMUNIZATION COUNSELING

Key Vocabulary

Vaksinasjonssenter - vahk-sah-nah-SHOONS-sen-ter - Vaccination center
Vaksinasjonsprogram - vahk-sah-nah-SHOONS-proh-gram - Vaccination program
Vaksinasjonssjekk - vahk-sah-nah-SHOONS-shek - Vaccination check-up
Bivirkninger - BEE-veer-kning-er - Side effects
Helsestasjon - HEL-se-stah-SHOON - Health station (for children)
Neste dose - NES-te DOH-se - Next dose
Hvor har du vondt? - vor har doo vont - Where does it hurt?
Er du klar for sprøyten? - er doo klar for SPRØY-ten - Are you ready for the injection?
Dette vil beskytte deg mot... - DET-te vil be-SHÜT-te dæi moot - This will protect you against...
Takk for at du kommer - tahk for ah doo KOM-mer - Thank you for coming

Grammatical Examples

Dette er en viktig vaksine for barn. - This is an important vaccine for children.

Dette er en viktig dose for barn. - This is an important dose for children.
Dette er et viktig vaksinasjonsprogram for barn. - This is an important vaccination program for children.
Dette er et viktig tiltak for barn. - This is an important measure for children.

Practice Dialog

Hvilke vaksiner skal min datter ha nå, og når skal hun ha de neste?
Hun skal ha MMR-vaksinen nå, og den neste på rutinen er HPV-vaksinen når hun fyller 12 år.
Tusen takk. Er det noen bivirkninger vi bør være spesielt oppmerksomme på?
Etter MMR-vaksinen kan hun få litt feber og utslett om en uke eller to, men det er helt normalt og går over av seg selv.

English translation:
Which vaccines does my daughter need now, and when are the next ones due?
She is due for the MMR vaccine now, and the next one on the schedule is the HPV vaccine when she turns 12.
Thank you very much. Are there any side effects we should be particularly aware of?
After the MMR vaccine, she might get a slight fever and a rash in a week or two, but that is completely normal and will go away on its own.

Practice Scenario

Helsesøsteren gjennomgikk vaksinasjonssjoneringen for den lille. Foreldrene hadde spørsmål om bivirkninger. Hun forklarte tydelig nytten av hver vaksine og anbefalte D-vitamin til ammede barn. De ble enige om en plan. «Tusen takk for god veiledning,» sa foreldrene og forlot konsultasjonen trygge på valget sitt.

English translation:
The public health nurse reviewed the vaccination schedule for

the little one. The parents had questions about side effects. She clearly explained the benefit of each vaccine and recommended vitamin D for breastfed infants. They agreed on a plan. "Thank you for the good guidance," said the parents, leaving the consultation confident in their choice.

CANCER SCREENING PROGRAMS AND EARLY DETECTION

Key Vocabulary

Kreftscreening - KREHFT-skree-ning - Cancer screening
Tidlig oppdagelse - TID-lee OHP-dah-geh-lseh - Early detection
Forebyggende undersøkelse - fohr-eh-BY-gen-deh oon-ehr-SHUH-keh-lseh - Preventive examination
Vi anbefaler en sjekk - vee ahn-beh-FAH-lehr ehn SHEHK - We recommend a check-up
Dette er en rutinemessig prosedyre - DEH-teh ehr ehn roo-TEEN-eh-mess-eeg proh-seh-DY-reh - This is a routine procedure
Resultatene er konfidensielle - reh-sool-TAH-teh-neh ehr kon-fi-den-see-EHL-leh - The results are confidential
Det er viktig å følge opp - deht ehr VIK-tig oh FØL-geh OHP - It is important to follow up
Har du noen spørsmål? - hahr doo NOH-ehn SPØR-smohl? - Do you have any questions?
Vi tar din helse på alvor - vee tahr deen HEL-seh poh AHL-vor - We take your health seriously
Takk for at du kom i dag - tahk for aht doo kohm ee dahg - Thank you for coming in today

Grammatical Examples

Vi anbefaler denne screeningen for alle pasientene. - We recommend this screening for all the patients.
Vi anbefaler denne screeningen for denne pasienten. - We

recommend this screening for this patient.
Vi anbefaler denne screeningen for den pasienten. - We recommend this screening for that patient.
Vi anbefaler denne screeningen for en pasient. - We recommend this screening for a patient.

Practice Dialog
Vi anbefaler å ta en mammografi hvert andre år for kvinner over 50.
Det er for å oppdage brystkreft tidlig, er det ikke?
Nettopp. Tidlig oppdagelse gir de aller beste behandlingsmulighetene.
Takk for informasjonen. Jeg skal sørge for å bestille time.

English translation:
We recommend a mammogram every other year for women over 50.
That's to detect breast cancer early, isn't it?
Exactly. Early detection provides the very best treatment options.
Thank you for the information. I will make sure to book an appointment.

Practice Scenario
Hun var nervøs for mammografien. Radiologen forklarte prosedyren rolig: "Vi tar flere bilder for å sikre nøyaktighet." Noen uker senere ringte fastlegen. "Tidlig oppdagelse gir gode behandlingsmuligheter," sa legen. De booket time til videre utredning. Hun følte seg trygg på den profesjonelle fremgangsmåten.

English translation: She was nervous about the mammogram. The radiologist calmly explained the procedure: "We take several images to ensure accuracy." Some weeks later, her GP called. "Early detection provides good treatment options," the doctor said. They booked an appointment for further investigation. She felt reassured by the professional approach.

CARDIOVASCULAR RISK ASSESSMENT AND PREVENTION

Key Vocabulary
Hjertet - YER-teh - The heart
Kardiovaskulær risiko - kar-dee-oh-vah-skeh-LÆR RIS-ee-koh - Cardiovascular risk
Blodtrykk - BLOOD-trikk - Blood pressure
Kolesterol - koh-less-teh-ROHL - Cholesterol
Hjerteinfarkt - YER-teh-in-farkt - Heart attack
Slag - Slaag - Stroke
Røyking - RØY-king - Smoking
Medisin - meh-dee-SEEN - Medicine
Kosthold - KOST-holl - Diet
Treningsvaner - TRAY-ning-svah-ner - Exercise habits

Grammatical Examples
Vi må vurdere din personlige risiko for hjerte-kar-sykdom. - We must assess your personal risk for cardiovascular disease.
Vi må vurdere deres personlige risiko for hjerte-kar-sykdom. - We must assess your personal risk for cardiovascular disease (formal).
Vi må vurdere din fysiske aktivitet. - We must assess your physical activity.
Vi må vurdere deres fysiske aktivitet. - We must assess your physical activity (formal).

Practice Dialog

Vi ser at blodtrykket ditt er for høyt, og det bekymrer meg.
Hva kan jeg gjøre for å redusere risikoen for hjerte- og karsykdom?
Jeg anbefaler å endre kostholdet og begynne med regelmessig mosjon. Vi kan også vurdere medisiner.
Takk, det setter jeg pris på. Jeg er motivert for å gjøre endringer for min helses skyld.

English translation:
We see that your blood pressure is too high, and that worries me.
What can I do to reduce the risk of cardiovascular disease?
I recommend changing your diet and starting regular exercise. We can also consider medication.
Thank you, I appreciate that. I am motivated to make changes for the sake of my health.

Practice Scenario

Lege: "Deres blodtrykk og kolesterolnivåer bekymrer meg. La oss vurdere din totale hjerte- og kareksponering sammen. Vi snakker om livsstilsendringer først, som kosthold og mosjon. Medisinering kan vurderes senere for å redusere risikoen for fremtidig hjerteinfarkt." Pasienten nikker forståelsesfullt.

English translation: Doctor: "Your blood pressure and cholesterol levels concern me. Let's assess your total cardiovascular risk together. We will discuss lifestyle changes first, like diet and exercise. Medication may be considered later to reduce the risk of a future heart attack." The patient nods understandingly.

DIABETES PREVENTION AND LIFESTYLE MODIFICATION

Key Vocabulary
Å spise sunt - oh SPEET-eh SOONT - To eat healthily
Å bevege seg mer - oh beh-VAY-geh say mehr - To move more
Blodsukkernivå - BLOOD-soo-ker-nee-voh - Blood sugar level
Vektkontroll - VEKT-kon-troll - Weight control
Kostholdsråd - KOST-holls-rohd - Dietary advice
Å gå en tur - oh goh en toor - To go for a walk
Vanntyper - VANN-tew-per - Types of medication
Å sjekke blodsukkeret - oh SHEK-keh BLOOD-soo-ker-eht - To check your blood sugar
Forebygging - for-eh-BEW-ging - Prevention
Sunne vaner - SOON-eh VAH-ner - Healthy habits

Grammatical Examples
Det er viktig at du spiser sunt. - It is important that you eat healthily.
Det er viktig at dere spiser sunt. - It is important that you (plural) eat healthily.
Det er viktig at han spiser sunt. - It is important that he eats healthily.
Det er viktig at hun spiser sunt. - It is important that she eats healthily.

Practice Dialog

Vi ser at blodsukkeret ditt er for høyt. Har du tenkt på å endre kostholdet og bevege deg mer?

Ja, jeg vet jeg burde, men det er vanskelig å komme i gang. Hva anbefaler du?

Jeg foreslår å starte med små endringer, som å bytte ut brus med vann og ta en daglig tur. Vil du hjelpe med å lage en plan?

Det høres overkommelig ut. Ja, jeg setter pris på litt veiledning for å komme i gang.

English translation:

We see that your blood sugar is too high. Have you thought about changing your diet and moving more?

Yes, I know I should, but it's difficult to get started. What do you recommend?

I suggest starting with small changes, like swapping soda for water and taking a daily walk. Would you like help making a plan?

That sounds manageable. Yes, I would appreciate some guidance to get started.

Practice Scenario

Lege: "Blodsukkermålingene deres viser prediabetes. Vi kan reversere dette sammen."

Pasienten: "Hva må jeg gjøre?"

Lege: "Små endringer hjelper. Gå en tur etter middag, bytt ut hvitt brød med grovt, og velg vann istedenfor saft. Dette vil forbedre insulinfølsomheten og forebygge diabetes type 2."

English translation:

Doctor: "Your blood sugar readings show prediabetes. We can reverse this together."

Patient: "What do I need to do?"

Doctor: "Small changes help. Take a walk after dinner, swap white bread for whole grain, and choose water instead of juice. This will improve insulin sensitivity and prevent type 2 diabetes."

SMOKING CESSATION COUNSELING AND SUPPORT

Key Vocabulary
Røykeslutt - ROY-keh-slutt - Smoking cessation
Røykeavvenning - ROY-keh-ahv-ven-ning - Smoking weaning/tapering
Nikotinplaster - nee-ko-TEEN-plas-ter - Nicotine patch
Slikkanne - slik-kan-neh - Craving
Avvenningssymptomer - ahv-ven-nings-symp-toh-mer - Withdrawal symptoms
Hvordan går det med røykesluttplanen? - VOR-dan gor deh meh ROY-keh-slutt-plan-en? - How is the smoking cessation plan going?
Jeg forstår at dette kan være vanskelig - jeg for-STOR at deh-teh kan VARE van-skeh-lig - I understand this can be difficult
Vi kan finne en løsning som fungerer for deg - vi kan FIN-neh en LURD-ning som fun-GEHR-er for dei - We can find a solution that works for you
Røyksug - ROYK-soog - The urge to smoke (literally "smoke urge")
Støtte og veiledning - STUH-teh oh VEI-led-ning - Support and guidance

Grammatical Examples
Jeg vil hjelpe deg med å slutte. - I will help you quit. (informal, singular)

Jeg vil hjelpe Dem med å slutte. - I will help you quit. (formal, singular)
Vi vil hjelpe deg med å slutte. - We will help you quit. (informal, singular)
Vi vil hjelpe Dem med å slutte. - We will help you quit. (formal, singular)

Practice Dialog

Legen har anbefalt at du skal slutte å røyke. Hvordan kan jeg hjelpe deg med det?
Jeg vil gjerne slutte, men jeg er redd for å få abstinenser. Hva kan jeg forvente?

Det er vanlig å føle seg urolig og irritabel de første ukene. Vi kan vurdere nikotinerstatning for å lindre symptomene.
Takk, det hjelper å vite hva som venter. Jeg tar imot hjelp for å komme i gang.

English translation:
The doctor has recommended that you quit smoking. How can I help you with that?
I would like to quit, but I'm afraid of getting withdrawal symptoms. What can I expect?
It's common to feel restless and irritable the first few weeks. We can consider nicotine replacement to relieve the symptoms.
Thank you, it helps to know what to expect. I accept the help to get started.

Practice Scenario

Lege: "Jeg ser De røyker. Vil De slutte?" Pasienten nikker. "Godt. Vi lager en plan sammen. Nikotinerstatning og støttegrupper hjelper. Jeg henviser Dem." Lege noterer i journalen. "Det er tøft, men vi følger Dere opp. Ring tilkontroll om tre uker." Pasienten takker og føler seg håpefull.

English translation:
Doctor: "I see you smoke. Do you want to quit?" The patient nods. "Good. We'll make a plan together. Nicotine replacement and

support groups help. I'll refer you." Doctor notes in the chart. "It's tough, but we will follow up. Call for a follow-up in three weeks." The patient thanks and feels hopeful.

NUTRITION COUNSELING AND DIETARY MODIFICATIONS

Key Vocabulary
Spisevaner - SPEES-eh-vah-ner - Eating habits
Kosthold - KOST-holl - Diet / Nutrition
Næringsinnhold - NÆ-ring-sinn-holl - Nutritional content
Å endre kostholdet - oh EN-dre kost-HOLL-et - To change the diet
Vektøkning - VEKT-øk-ning - Weight gain
Vektreduksjon - VEKT-re-duk-shun - Weight reduction
Hva spiser du vanligvis til middag? - Vah SPEES-er doo van-lig-vees til MID-dargh - What do you usually eat for dinner?
Unngå - OON-goh - Avoid
Spis mer av - SPEES mehr ahv - Eat more of
Hvordan går det med kostholdsendringene? - VOR-dan gohr deh meh kost-holls-EN-dring-eh-neh - How is it going with the dietary changes?

Grammatical Examples
Vi anbefaler at De spiser mer frukt. - We recommend that you eat more fruit. (formal)
Vi anbefaler at du spiser mer frukt. - We recommend that you eat more fruit. (informal)
Vi anbefaler at pasienten spiser mer frukt. - We recommend that the patient eats more fruit.

Vi anbefaler at dere spiser mer frukt. - We recommend that you (plural) eat more fruit.

Practice Dialog

Vi ser at det har vært en vekttrend oppover de siste månedene. La oss snakke om kostholdet ditt.
Ja, jeg vet det. Jeg spiser mye brød og pasta, kanskje for mye?
Vi bør se på å bytte ut noen av de raffinerte karbohydratene med mer grønnsaker og lean protein, som kylling og fisk.
Det høres fornuftig ut. Jeg skal prøve å lage mer middag hjemme med disse tipsene.

English translation:
We can see there has been an upward weight trend over the last few months. Let's talk about your diet.
Yes, I know. I eat a lot of bread and pasta, perhaps too much?
We should look at replacing some of those refined carbohydrates with more vegetables and lean protein, like chicken and fish.
That sounds sensible. I will try to make more dinners at home with these tips.

Practice Scenario

Etter hjerteinfarktet fikk Ole (67) ernæringsveiledning. Klinikkernæringsfysiologen anbefalte mindre rødt kjøtt og mer fisk, grønnsaker og helkorn. De lagde en praktisk plan sammen med fokus på sunne fett. Ole forstod at disse kostholdsendingene var like viktige som medisinene for å holde seg frisk og kunne være med barnebarna.

English translation: After the heart attack, Ole (67) received nutrition counseling. The clinical dietitian recommended less red meat and more fish, vegetables, and whole grains. They made a practical plan together with a focus on healthy fats. Ole understood these dietary changes were as important as the medicine for staying healthy and being with his grandchildren.

EXERCISE PRESCRIPTION AND PHYSICAL ACTIVITY

Key Vocabulary

Bevegelse - beh-VEG-else - Movement
Treningsprogram - TRAYN-ings-pro-gram - Exercise program
Gå-tur - GAW-toor - Walk / Walking
Styrkeøvelser - STUIR-keh-ø-vel-ser - Strength exercises
Kondisjon - kon-di-SHOON - Cardiovascular fitness
Smerter - SMAR-ter - Pains / Aches
Daglig aktivitet - DAHG-lig ak-ti-vi-TET - Daily activity
Hvordan føles det? - VOR-dan fø-les deh? - How does that feel?
Vi starter forsiktig - vee STAR-ter for-SIK-tig - We will start gently
Hva synes De er oppnåelig? - vah SUU-nes deh er op-nå-elig? - What do you think is achievable? (formal)

Grammatical Examples

Jeg anbefaler en lang tur. - I recommend a long walk (masculine noun).
Jeg anbefaler en lang sykkeltur. - I recommend a long bike ride (masculine noun).
Jeg anbefaler en lang økt. - I recommend a long session (masculine noun).
Jeg anbefaler en lang tur på ski. - I recommend a long ski trip (masculine noun).

Practice Dialog

Hvilken type fysisk aktivitet gjør du vanligvis?
Jeg går en tur på ca. 20 minutter hver dag, men jeg sliter med å komme i gang med trening.
Det er et godt utgangspunkt. La oss se på å gradvis øke til 30 minutter, fem dager i uken. Hva med å prøve sykling eller svømming også?
Det høres overkommelig ut. Jeg skal prøve å sykle til butikken i stedet for å kjøre.

English translation:
What type of physical activity do you usually do?
I go for a 20-minute walk every day, but I struggle to get started with exercise.
That's a good starting point. Let's look at gradually increasing to 30 minutes, five days a week. What about trying cycling or swimming too?
That sounds manageable. I will try to cycle to the store instead of driving.

Practice Scenario
Etter hjerteinfarkt fikk Kari en individuell treningsplan fra legen. Planen inkluderte doserte gåturer og styrkeøvelser. Fastlegen henviste henne til fysioterapeut for veiledning. Kari følte seg trygg med en skreddersydd plan og ble raskt sterkere. Regelmessig fysisk aktivitet ble en viktig del av hennes helserutine.

English translation:
After a heart attack, Kari received an individual exercise plan from the doctor. The plan included dosed walks and strength exercises. Her GP referred her to a physiotherapist for guidance. Kari felt safe with a tailored plan and quickly grew stronger. Regular physical activity became a vital part of her health routine.

OCCUPATIONAL HEALTH AND WORKPLACE SAFETY

Key Vocabulary

Hvordan har du det? - VOR-dan har doo deh - How are you feeling?
Smerte - SMEHR-teh - Pain
Hvør har du vondt? - vor har doo vont - Where does it hurt?
Arbeidsplassen - ar-BAYDS-plah-sen - The workplace
Helse - HEL-seh - Health
Sikkerhet - SIK-er-het - Safety
Unngå å løfte tungt - OONG-aw aw LUHF-teh toongt - Avoid lifting heavy objects
Ta det med ro - tah deh meh roo - Take it easy / Take it calmly
Takk for at du fortalte meg dette - tahk for aht doo for-TAHL-teh my DEH-teh - Thank you for telling me that
Jeg forstår - yai for-STOOR - I understand

Grammatical Examples

Håndspriten er viktig. - The hand sanitizer is important. (masculine noun)
Vasken er viktig. - The sink is important. (masculine noun)
Døren er viktig. - The door is important. (masculine/feminine noun)
Apningen er viktig. - The opening is important. (masculine noun)

Practice Dialog

Har du vært borte fra jobben på grunn av ryggplagene?
Ja, i to uker nå. Jeg er usikker på når jeg kan begynne igjen.
Vi fyller ut et sykmeldingsskjema sammen, så arbeidsgiveren din vet hva slags tilrettelegging du trenger.
Tusen takk, det er godt å ha en plan for en trygg retur til jobb.

English translation:
Have you been absent from work because of your back problems?
Yes, for two weeks now. I am unsure when I can start again.
We will fill out a sick leave form together, so your employer knows what kind of accommodations you need.
Thank you so much, it is good to have a plan for a safe return to work.

Practice Scenario

Sykehuslegen undersøkte en sykepleier med ryggsmerter etter pasientlifting. De gjennomgikk ergonomiske løfteteknikker og vurderte arbeidshverdagen. Legen anbefalte ergonomiske hjelpemidler og samarbeid med arbeidsmiljøet. Sykepleieren forstod viktigheten av forebygging og følte seg ivaretatt.

English translation: The hospital doctor examined a nurse with back pain after patient lifting. They reviewed ergonomic lifting techniques and assessed the work routine. The doctor recommended ergonomic aids and collaboration with the occupational health service. The nurse understood the importance of prevention and felt cared for.

TRAVEL MEDICINE AND INFECTIOUS DISEASE PREVENTION

Key Vocabulary

Har De reist utenlands? - Har de reist ooten-lans - Have you traveled abroad?
Vaksinasjonssertifikat - vak-see-nah-syoon-ser-tee-fee-kaht - Vaccination certificate
Reisevaksinasjon - rye-se-vak-see-nah-syoon - Travel vaccination
Har De vært syk i det siste? - har de vaert seek i de siste - Have you been ill recently?
Hvilke land har De besøkt? - vil-ke lan har de besøkt - Which countries have you visited?
Håndhygiene - hon-hyg-ee-eh-ne - Hand hygiene
Mat- og drikkevaner - maht-og drik-ke-vah-ner - Food and drink habits
Forebygging - for-eh-byg-ing - Prevention
Bekreftet smitte - be-kreft-et smit-te - Confirmed infection
Resept - reh-sept - Prescription

Grammatical Examples

Husk å ta den gule medisinen din. - Remember to take your yellow medicine (masculine/feminine noun).
Husk å ta det gule kortet ditt. - Remember to take your yellow card (neuter noun).
Husk å ta den gule tabletten din. - Remember to take your yellow

pill (masculine/feminine noun).
Husk å ta det gule vaksinesertifikatet ditt. - Remember to take your yellow vaccine certificate (neuter noun).

Practice Dialog
Har du reist mye i tropene før?
Nei, dette er første gang til Sørøst-Asia. Hva bør jeg være spesielt oppmerksom på?
Viktigste er å beskytte deg mot mygg for å unngå dengue og malaria. Bruk myggmiddel og sove under myggnett.
Skal jeg ta noen vaksiner eller medisiner før jeg reiser?
Ja, vi anbefaler vaksine mot hepatitt A og typhoid, og du trenger malariatabletter.

English translation:
Have you traveled much in the tropics before?
No, this is my first time to Southeast Asia. What should I be particularly aware of?
The most important thing is to protect yourself from mosquitoes to avoid dengue and malaria. Use insect repellent and sleep under a mosquito net.
Should I get any vaccines or medication before I travel?
Yes, we recommend vaccines for hepatitis A and typhoid, and you will need malaria tablets.

Practice Scenario
Legeen mottar en pasient som nettopp har returnert fra tropene med feber. Hun spør nøye om reiseruten, symptomer og profylaksen han brukte. Etter en grundig undersøkelse, diagnostiserer hun malaria og innleder behandling umiddelbart. Hun anbefaler også en vaksinasjonsvurdering før fremtidige reiser.

English translation: The doctor receives a patient who just returned from the tropics with a fever. She asks carefully about the travel route, symptoms, and the prophylaxis he used. After a thorough examination, she diagnoses malaria and initiates treatment immediately. She also recommends a vaccination assessment for future travels.

COMMUNITY HEALTH INTERVENTIONS AND EDUCATION

Key Vocabulary

Hvordan har du det? - VOR-dan har doo deh - How are you feeling?
Forebygging - for-eh-BIG-ing - Prevention
Behandlingsplan - beh-HAND-lings-plahn - Treatment plan
Symptomer - symp-TOH-mer - Symptoms
Medisin - meh-deh-SEEN - Medicine
Bivirkninger - BEE-veer-kning-er - Side effects
Helsepersonell - HEL-seh-per-soh-nell - Healthcare staff
Smerte - SMER-teh - Pain
Tilgang til journal - TIL-gang til shoor-NAHL - Access to medical records
Takk for at du kom - takk for ah doo kom - Thank you for coming

Grammatical Examples

Vi skal lage en sunn plan for deg. - We will make a healthy plan for you (informal).
Vi skal lage en sunn plan for Dem. - We will make a healthy plan for you (formal).
Jeg skal lage en sunn plan for deg. - I will make a healthy plan for you (informal).
Jeg skal lage en sunn plan for Dem. - I will make a healthy plan for you (formal).

Practice Dialog

Vi har lagt merke til at flere i familien din har diabetes type 2. Er det noe du er bekymret for?
Ja, det bekymrer meg litt. Hva kan jeg gjøre for å redusere risikoen?
Vi anbefaler regelmessig mosjon og å justere kosten. Vil du at vi skal sette opp en konkret plan sammen?
Det hadde vært flott. Takk for at du tar deg tid til å snakke om dette.

English translation:
We've noticed that several people in your family have type 2 diabetes. Is that something you're worried about?
Yes, it worries me a bit. What can I do to reduce the risk?
We recommend regular exercise and adjusting your diet. Would you like us to set up a concrete plan together?
That would be great. Thank you for taking the time to talk about this.

Practice Scenario

Helsesøster Eva besøker familien Hansen. Hun ser at babyen sover på magen. Rolig forklarer hun ryggleie for sikker søvn og viser en brosjyre. Moren forstår og legger barnet på ryggen. Dette enkle rådet reduserer risikoen for plutselig spedbarnsdød. Foreldrene er takknemlige for opplysningen.

English translation: Public health nurse Eva visits the Hansen family. She sees the baby sleeping on its stomach. Calmly, she explains back sleeping for safe sleep and shows a brochure. The mother understands and places the child on its back. This simple advice reduces the risk of sudden infant death. The parents are grateful for the information.

MEDICAL RECORD DOCUMENTATION AND PATIENT NOTES

Key Vocabulary
Hvordan har du det? - VOR-dan har doo deh - How are you feeling?
Smerte - SMEHR-teh - Pain
Symptomer - suymp-TOH-mehr - Symptoms
Medisin - meh-dee-SEEN - Medicine
Allergi - ahl-lehr-GHEE - Allergy
Blodtrykk - BLOOD-trykk - Blood pressure
Hjertet - YEH-teht - The heart
Resept - reh-SEPT - Prescription
Helsestasjon - HEL-seh-stah-shoon - Health station
Takk for besøket - TAKK for beh-SØ-keht - Thank you for your visit

Grammatical Examples
Pasienten er syk. - The patient is sick (masculine).
Pasienten er syk. - The patient is sick (feminine).
Pasienten er sengeliggende. - The patient is bedridden (masculine).
Pasienten er sengeliggende. - The patient is bedridden (feminine).

Practice Dialog
Hvordan har du hatt det siden forrige gang?
Bedre, men jeg føler meg fortsatt veldig sliten og har litt

hodepine.
Det er forståelig. Jeg noterer det, og vi skal justere medisindoseringen litt.
Tusen takk, det setter jeg stor pris på.

English translation:
How have you been since the last time?
Better, but I still feel very tired and have a bit of a headache.
That's understandable. I'll note that down, and we will adjust the medication dosage a little.
Thank you so much, I really appreciate that.

Practice Scenario
Legen dokumenterte nøye pasientens symptomer og sykehistorie i journalen. Hun noterte de kliniske funnene, vurderingen og planen for videre utredning. Hun sørget for at alt var tydelig og presist for å sikre god pasientsikkerhet og kontinuitet i behandlingen. Pasienten samtykket til innleggelse, og henvisningen ble sendt elektronisk til sykehuset.

English translation:
The doctor carefully documented the patient's symptoms and medical history in the record. She noted the clinical findings, assessment, and plan for further investigation. She ensured everything was clear and precise to guarantee good patient safety and continuity of care. The patient consented to hospitalization, and the referral was sent electronically to the hospital.

INTERDISCIPLINARY TEAM COMMUNICATION

Key Vocabulary
God bedring - goh BEH-dring - Get well soon
Hvordan har du det? - VOR-dan har doo deh? - How are you doing?
Vi er et team - vee ehr eht team - We are a team
Behandlingsplan - beh-HAND-lings-plahn - Treatment plan
Samtykke - sam-TIK-keh - Consent
Smerte - SMER-teh - Pain
Legemiddel - LEH-geh-mid-del - Medication
Tusen takk - TOO-sen tahkk - Thank you very much
Unnskyld - OON-shil - Excuse me / I'm sorry
Vennligst - VEN-ligst - Please

Grammatical Examples
Vi skal diskutere saken din i teamet. - We will discuss your case in the team.
De skal diskutere saken din i teamet. - They will discuss your case in the team.
Jeg skal diskutere saken din i teamet. - I will discuss your case in the team.
Du skal diskutere saken din i teamet. - You will discuss your case in the team.

Practice Dialog
Leger: Jeg vil gjerne høre din mening om pasientens tilstand i

dag.

Pårørende: Jeg synes han virker mer forvirret enn i går. Kanskje vi burde sjekke medisinerne?

Leger: Det er en god observasjon. Jeg skal se gjennom medikasjonslisten umiddelbart.

Pårørende: Takk for at du hører på meg. Jeg setter stor pris på det.

English translation:
Doctor: I would like to hear your opinion on the patient's condition today.
Family member: I think he seems more confused than yesterday. Perhaps we should check the medications?
Doctor: That is a good observation. I will review the medication list immediately.
Family member: Thank you for listening to me. I really appreciate it.

Practice Scenario

Leger, sykepleier og fysioterapeut diskuterer pasientens progresjon. De bruker felles terminologi for å unngå misforståelser. Sykepleieren rapporterer om smerter ved mobilisering. Fysioterapeuten foreslår en justert plan. Legen godkjenner og dokumenterer endringen i journalen. Alle er enige om målsettingen for pasientens trygge rehabilitering.

English translation: Doctors, nurse, and physiotherapist discuss the patient's progress. They use common terminology to avoid misunderstandings. The nurse reports on pain during mobilization. The physiotherapist suggests an adjusted plan. The doctor approves and documents the change in the record. All agree on the goal for the patient's safe rehabilitation.

CONSULTATION REQUESTS AND SPECIALIST REFERRALS

Key Vocabulary

Hvordan har du det? - VOR-dan har doo deh - How are you feeling?
Henvisning - hen-VEES-ning - Referral
Konsultasjon - kon-sul-ta-SHOON - Consultation
Legens anbefaling - LAY-erns an-be-FAHL-ing - The doctor's recommendation
Spesialist - spe-sha-LIST - Specialist
Symptomer - symp-TOH-mer - Symptoms
Behandling - be-HAND-ling - Treatment
Jeg vil undersøke deg - yai vil un-der-SHUH-ker dai - I would like to examine you
Respekt for personvern - res-PEKT for per-SHON-vern - Respect for privacy
Takk for tilliten - takk for til-LEE-ten - Thank you for your trust

Grammatical Examples

Jeg henviser pasienten til en ny spesialist. - I am referring the patient to a new specialist (masculine).
Jeg henviser pasienten til en ny poliklinikk. - I am referring the patient to a new outpatient clinic (feminine).
Jeg henviser pasienten til et nytt sykehus. - I am referring the

patient to a new hospital (neuter).
Jeg henviser pasienten til en ny avdeling. - I am referring the patient to a new department (masculine/feminine).

Practice Dialog
Jeg vil gjerne henvise deg til en spesialist for videre utredning.
Takk, det setter jeg stor pris på. Hvilken type spesialist tenker du på?
Jeg foreslår en nevrolog grunnet dine symptomer.
Det høres fornuftig ut. Jeg følger opp henvisningen med en gang.

English translation:
I would like to refer you to a specialist for further investigation.
Thank you, I appreciate that. What type of specialist are you considering?
I suggest a neurologist due to your symptoms.
That sounds reasonable. I will follow up on the referral immediately.

Practice Scenario
Fastlegen noterte pasientens vedvarende symptomer. "Jeg vil sende en henvisning til nevrolog for en grundig vurdering," sa legen. Pasienten samtykket. Legen skrev henvisningen med presis symptombeskrivelse og relevant journalinformasjon. De avtalte oppfølging etter spesialistvurderingen for å koordinere videre behandling.

English translation:
The GP noted the patient's persistent symptoms. "I will send a referral to a neurologist for a thorough assessment," said the doctor. The patient consented. The doctor wrote the referral with precise symptom description and relevant medical record information. They agreed on follow-up after the specialist assessment to coordinate further treatment.

INSURANCE AND PRIOR AUTHORIZATION DISCUSSIONS

Key Vocabulary

Forsikring - for-SIK-ring - Insurance
Før-autorisering - fur ow-tor-ee-SEER-ing - Prior authorization
Behandling - beh-HAND-ling - Treatment
Legemiddel - LEH-geh-mid-del - Medication
Tilstand - TIL-stand - Condition
Vennligst - VENN-ligst - Please
Unnskyld - OON-shuld - Excuse me / I'm sorry
Takk for din tid - takk for din teed - Thank you for your time
Vi må vente på godkjenning - vee maw VEN-teh paw GOD-shhen-ing - We must wait for the approval
Jeg vil gjerne hjelpe deg - yai vil YAIR-neh YEL-peh dai - I would like to help you

Grammatical Examples

Vi må sende en henvendelse til forsikringsselskapet ditt. - We must send an inquiry to your insurance company (neuter).
Vi må sende en henvendelse til forsikringsselskapet hennes. - We must send an inquiry to her insurance company (neuter).
Vi må sende en henvendelse til forsikringsselskapet hans. - We must send an inquiry to his insurance company (neuter).
Vi må sende en henvendelse til forsikringsselskapet deres. - We

must send an inquiry to their insurance company (neuter).

Practice Dialog

Vi må sende inn en søknad om forhåndsgodkjenning til forsikringsselskapet for denne behandlingen.
Ja, forstår. Hvor lang tid vil det vanligvis ta å få svar?
Vanligvis tar det mellom to og tre uker. Jeg skal følge opp søknaden for å forsikre oss om at den blir behandlet.
Tusen takk, det setter vi stor pris på.

English translation:
We need to submit a prior authorization application to the insurance company for this treatment.
Yes, I understand. How long will it usually take to get a response?
It usually takes between two and three weeks. I will follow up on the application to ensure it is being processed.
Thank you very much, we really appreciate that.

Practice Scenario

Legen forklarte: "Vi må sende en henvisning til forsikringsselskapet for godkjenning før MR-undersøkelsen. Det tar noen dager." Pasienten nikket forståelsesfullt. "Jeg forstår. Takk for at du sørger for at det blir dekket." De gjennomgikk søknaden sammen for å sikre at alle nødvendige medisinske opplysninger var inkludert.

English translation:
The doctor explained: "We must send a referral to the insurance company for approval before the MRI scan. It takes a few days." The patient nodded understandingly. "I understand. Thank you for ensuring it gets covered." They reviewed the application together to ensure all necessary medical information was included.

INFORMED CONSENT DOCUMENTATION

Key Vocabulary
Vennligst skriv under her - VENN-ligst SKRIV UN-der her - Please sign here
Behandlingsplan - beh-HAND-lings-plahn - Treatment plan
Samtykke - SAM-tyk-ke - Consent
Rett til å nekte - RET til å NEK-te - Right to refuse
Tusen takk - TOO-sen takk - Thank you very much
Forstår du? - for-STOR du? - Do you understand?
Risikoer - ri-SEE-ko-er - Risks
Spørsmål - SPØRS-mål - Questions
Bekreftelse - be-KREF-tel-se - Confirmation
Vi tar en prat - vi tar en PRAT - We will have a talk

Grammatical Examples
Dette dokumentet er klart. - This document is clear (neuter).
Denne samtalen er klar. - This conversation is clear (masculine/feminine).
Den informasjonen er klar. - That information is clear (masculine/feminine).
Det skjemaet er klart. - That form is clear (neuter).

Practice Dialog
Lege: Vi anbefaler denne behandlingen basert på Deres tilstand.
Pasient: Jeg forstår. Kan De si litt mer om de vanligste bivirkningene?
Lege: Selvfølgelig. Den vanligste bivirkningen er trettthet, og jeg vil gå gjennom hele informasjonsskrivet med Dem nå.

Pasient: Takk, det setter jeg pris på. Jeg trenger litt tid til å lese gjennom og tenke meg om.

English translation:
Doctor: We recommend this treatment based on your condition.
Patient: I understand. Could you tell me a bit more about the most common side effects?
Doctor: Of course. The most common side effect is fatigue, and I will go through the entire information sheet with you now.
Patient: Thank you, I appreciate that. I need some time to read through it and think about it.

Practice Scenario

Legen forklarte prosedyren, inkludert risiko og alternativer, på en forståelig måte. Pasienten stilte noen få, klare spørsmål for å avklare usikkerhet. Etter en betenkningstid ga pasienten sitt samtykke. Dokumentasjonen ble grundig utfylt og signert av begge parter. Dette sikrer at pasientens autonomi respekteres og at behandlingen er lovlig.

English translation:
The doctor explained the procedure, including risks and alternatives, in an understandable way. The patient asked a few clear questions to clarify uncertainty. After a period of consideration, the patient gave their consent. The documentation was thoroughly completed and signed by both parties. This ensures the patient's autonomy is respected and that the treatment is legal.

ADVERSE EVENT REPORTING AND PATIENT SAFETY

Key Vocabulary
Bivirkning - BEE-veer-kning - Adverse reaction
Hvordan har du det? - VOR-den har doo deh? - How are you feeling?
Smerte - SMEHR-teh - Pain
Symptom - soomp-TOOM - Symptom
Legemiddel - LEH-geh-mid-del - Medication
Allergi - ahl-lehr-GEE - Allergy
Helsestasjon - HEL-seh-stah-shoon - Health station
Tilstand - TIL-stand - Condition
Helsetjeneste - HEL-seh-chan-eh-steh - Healthcare service
Følger etter - FØL-ger eh-ter - Follow-up

Grammatical Examples
Vi må rapportere denne alvorlige bivirkningen. - We must report this serious adverse event. (masculine/feminine noun)
Vi må rapportere denne alvorlige hendelsen. - We must report this serious incident. (masculine/feminine noun)
Vi må rapportere dette alvorlige tilfellet. - We must report this serious case. (neuter noun)
Vi må rapportere dette alvorlige medikamentet. - We must report this serious medication. (neuter noun)

Practice Dialog
Jeg må dessverre melde fra om en uønsket hendelse du opplevde

under behandlingen.
Det er jeg lei for å høre. Kan du fortelle meg hva som skjedde, slik at vi kan dokumentere det?
Jeg følte meg svimmel og kvalm rett etter at jeg tok den nye medisinen.
Tusen takk for at du sa ifra. Dette rapporterer vi umiddelbart for å forbedre pasientsikkerheten.

English translation:
Unfortunately, I have to report an adverse event you experienced during the treatment.
I am sorry to hear that. Can you tell me what happened so we can document it?
I felt dizzy and nauseous right after I took the new medicine.
Thank you very much for speaking up. We will report this immediately to improve patient safety.

Practice Scenario
Legen glemte å dokumentere en allergi i journalen. En uke senere fikk pasienten en resept på det legemiddelet. Apotekeren oppdaget feilen og avbrøt utlevering. Legen korrigerte umiddelbart journalen og meldte hendelsen via interne kanaler. Systemet for avviksmelding sikrer at slike feil ikke gjentas og styrker pasientsikkerheten for alle.

English translation:
The doctor forgot to document an allergy in the record. A week later, the patient received a prescription for that medication. The pharmacist spotted the error and halted the dispensing. The doctor immediately corrected the record and reported the incident through internal channels. The incident reporting system ensures such mistakes are not repeated and strengthens patient safety for all.

QUALITY IMPROVEMENT INITIATIVES

Key Vocabulary

Forbedring - for-BED-ring - Improvement
Sikkerhet - SIK-er-het - Safety
Hvordan har du det? - VOR-den har doo deh? - How are you feeling?
Tilbakemelding - til-BAKE-mel-ding - Feedback
Behandlingsmål - be-HAND-lings-mol - Treatment goal
Plan - plahn - Plan
Samtykke - sam-TIK-ke - Consent
Takk for din tilbakemelding - takk for din til-BAKE-mel-ding - Thank you for your feedback
Vi ønsker å forbedre oss - vi UN-sker oh for-BED-re oss - We want to improve
Respekt - res-PEKT - Respect

Grammatical Examples

Vi har innført en ny rutine for å forbedre pasientsikkerheten. - We have introduced a new routine to improve patient safety.
Vi har innført en ny prosedyre for å forbedre pasientsikkerheten. - We have introduced a new procedure to improve patient safety.
Vi har innført et nytt system for å forbedre pasientsikkerheten. - We have introduced a new system to improve patient safety.
Vi har innført en ny policy for å forbedre pasientsikkerheten. - We have introduced a new policy to improve patient safety.

Practice Dialog

Vi har nettopp innført en ny sjekkliste for å dobbeltsjekke medisiner før operasjon.

Det høres ut som en god og enkel forbedring. Det gir meg mer trygghet.

Vi jobber kontinuerlig med slike forbedringer for pasientsikkerheten.

Takk for at dere lytter og stadig blir bedre. Det betyr mye for oss.

English translation:
We have just implemented a new checklist to double-check medications before surgery.

That sounds like a good and simple improvement. It gives me more confidence.

We are continuously working on such improvements for patient safety.

Thank you for listening and constantly getting better. It means a lot to us.

Practice Scenario

Legen analyserte pasientens medisindata og oppdaget en unødvendig forsinkelse i behandlingen. Teamet diskuterte årsaken og implementerte en ny sjekkliste for raskere koordinering. Ved oppfølgingen forklarte legen den forbedrede prosedyren på en tydelig og respektfull måte. Pasienten forstod tiltaket og var fornøyd med den effektive behandlingen.

English translation: The doctor analyzed the patient's medication data and discovered an unnecessary delay in treatment. The team discussed the cause and implemented a new checklist for faster coordination. At the follow-up, the doctor explained the improved procedure in a clear and respectful manner. The patient understood the measure and was pleased with the efficient treatment.

MEDICAL RESEARCH PARTICIPATION DISCUSSIONS

Key Vocabulary
Forskning - FOR-sking - Research
Studie - STOO-dee-eh - Study
Deltakelse - DEL-tah-kel-seh - Participation
Samtykke - SAM-tük-keh - Consent
Informasjonsskriv - in-for-ma-SHUNS-skreev - Information sheet
Spørreundersøkelse - SPØR-reh-un-der-sø-kel-seh - Questionnaire
Blodprøve - BLOOD-prø-veh - Blood sample
Behandling - beh-HAND-ling - Treatment
Bivirkning - BEE-veer-kning - Side effect
Takk for hjelpen - takk for YEL-pen - Thank you for your help

Grammatical Examples
Dette er en viktig studie. - This is an important study. (masculine/feminine noun)
Dette er et viktig prosjekt. - This is an important project. (neuter noun)
Det er en ny behandling. - It is a new treatment. (masculine/feminine noun)
Det er et nytt legemiddel. - It is a new medication. (neuter noun)

Practice Dialog
Dette studiet handler om å teste en ny behandling for din

tilstand.

Hva innebærer det å delta, og er det noen risiko?

Det innebærer noen rutinemessige blodprøver og kontroller. All mulig risiko vil bli grundig forklart før du eventuelt samtykker.

Takk for informasjonen. Jeg vil gjerne ta med meg informasjonsskrivet hjem for å lese det grundig.

English translation:

This study is about testing a new treatment for your condition.

What does participation involve, and are there any risks?

It involves some routine blood tests and check-ups. All possible risks will be thoroughly explained before you potentially consent.

Thank you for the information. I would like to take the information booklet home to read it thoroughly.

Practice Scenario

Legen spurte: "Vil du vurdere å delta i en klinisk studie for din tilstand? Studien sammenligner to behandlinger. Deltakelse er frivillig, og du kan trekke deg når som helst. Vi vil gi deg alle detaljer skriftlig." Pasienten svarte: "Takk, jeg vil gjerne lese informasjonsskrivet og diskutere det med familien min først."

English translation: The doctor asked: "Would you consider participating in a clinical trial for your condition? The study compares two treatments. Participation is voluntary, and you can withdraw at any time. We will give you all details in writing." The patient replied: "Thank you, I would like to read the information sheet and discuss it with my family first."

TELEMEDICINE CONSULTATIONS AND REMOTE CARE

Key Vocabulary

God dag - goo dahg - Good day
Hvordan har du det? - VOR-dan har doo deh? - How are you?
Kan du beskrive smertene? - Kan doo beh-SKREE-veh SMER-teh-neh? - Can you describe the pain?
Legg deg ned - lehg deh nehd - Lie down
Jeg skal høre på lungene dine - yai skahl HOO-reh poh LUNG-eh-neh DEE-neh - I am going to listen to your lungs
Ta et dypt åndedrag - tah eht DEEPT ON-eh-drahg - Take a deep breath
Har du tatt temperaturen? - har doo taht tem-peh-rah-TOO-ren? - Have you taken your temperature?
Jeg forstår - yai for-STOHR - I understand
Tusen takk - TOO-sen tahkk - Thank you very much
Vennligst oppgi fødselsnummeret ditt - VENN-ligst OP-pee FURD-sels-NUM-eh-reh dit - Please provide your national identity number

Grammatical Examples

Jeg skal sende en henvisning til deg. - I will send a referral to you (informal).
Jeg skal sende en henvisning til Dem. - I will send a referral to you (formal).
Jeg skal sende to henvisninger til deg. - I will send two referrals

to you (informal).
Jeg skal sende to henvisninger til Dem. - I will send two referrals to you (formal).

Practice Dialog

God dag, her er doktor Hansen. Hvordan kan jeg hjelpe deg i dag?
Jeg er bekymret for moren min, hun har hatt høy feber i tre dager.
Jeg forstår. La oss ta en rask videosamtale, så jeg kan se henne og vurdere situasjonen nærmere.
Tusen takk, det setter vi stor pris på. Vi er klare.

English translation:
Good day, this is Doctor Hansen. How can I help you today?
I'm worried about my mother, she's had a high fever for three days.
I understand. Let's do a quick video call so I can see her and assess the situation more closely.
Thank you so much, we really appreciate it. We are ready.

Practice Scenario

Hun følte seg svak etter operasjonen. På skjermen sjekket legen sårhelingen og symptomer. De gjennomgikk medisinlisten og avtalte en kontroll. "Ring poliklinikken umiddelbart ved feber," sa legen. Pasienten takket for at hun slapp reisen. Konsultasjonen var effektiv og trygg for begge.

English translation: She felt weak after the surgery. On the screen, the doctor checked the wound healing and symptoms. They reviewed the medication list and scheduled a follow-up. "Call the outpatient clinic immediately if you have a fever," said the doctor. The patient was grateful to avoid the trip. The consultation was efficient and safe for both.

CONTINUING MEDICAL EDUCATION AND PROFESSIONAL DEVELOPMENT

Key Vocabulary

God bedring - goo beh-DRING - Get well soon
Hvordan har du det? - VOR-dan har doo deh? - How are you doing?
Legens anbefaling - LAY-ens an-beh-fah-ling - The doctor's recommendation
Behandlingsplan - beh-HAND-lings-plahn - Treatment plan
Smerte - SMER-teh - Pain
Medisin - meh-dee-SEEN - Medicine
Bivirkning - BEE-veer-kning - Side effect
Følg med - følg meh - Pay attention / Follow along
Tusen takk - TOO-sen takk - Thank you very much
Resept - reh-SEPT - Prescription

Grammatical Examples

Jeg anbefaler denne medisinske oppdateringen. - I recommend this medical update (masculine noun).
Jeg anbefaler denne kliniske veiledningen. - I recommend this clinical guideline (masculine noun).
Jeg anbefaler denne videreutdanningen. - I recommend this continuing education (feminine noun).
Jeg anbefaler denne medisinske forskningen. - I recommend this

medical research (feminine noun).

Practice Dialog

Hørte du om den nye nasjonale retningslinjen for forebygging av trykksår?
Ja, den legger vekt på systematisk risikovurdering med Braden-skåringen for alle pasienter.
Nettopp. Jeg tror vi bør implementere det i vår avdeling for å forbedre pasientsikkerheten.
Enig. Jeg kan sette opp en kort opplæring til teamet vårt i morgen.

English translation:
Did you hear about the new national guideline for preventing pressure ulcers?
Yes, it emphasizes systematic risk assessment using the Braden Scale for all patients.
Exactly. I think we should implement that in our department to improve patient safety.
Agreed. I can set up a short training session for our team tomorrow.

Practice Scenario

Overlegen observerer den unge legens undersøkelse. Pasienten beskriver uvanlige brystsmerter. Etter konsultasjonen drøfter de tilfellet. Overlegen anbefaler en ny retningslinje for hjerteinfarkt hos kvinner, fra et nylig kurs. De bestemmer seg for å endre behandlingsplanen. Den erfarne legen fremhever viktigheten av kontinuerlig læring for pasientsikkerhet.

English translation:
The senior doctor observes the young doctor's examination. The patient describes unusual chest pains. After the consultation, they discuss the case. The senior recommends a new guideline for heart attacks in women, from a recent course. They decide to alter the treatment plan. The experienced doctor emphasizes the importance of continuous learning for patient safety.

CULTURAL COMPETENCY IN MEDICAL PRACTICE

Key Vocabulary

God bedring - goo beh-dring - Get well soon
Hvordan har du det? - vor-dan har doo deh - How are you doing?
Unnskyld - oon-shil - Excuse me / I'm sorry
Takk for at du forteller meg dette - takk for ah doo for-teller my deh-teh - Thank you for telling me this
Jeg forstår - yai for-stor - I understand
Er det noe mer du vil si? - ehr deh noo-eh meer doo vil see - Is there anything more you would like to say?
Vi tar det trinnvis - vee tahr deh trinn-vees - We will take it step by step
Jeg skal høre på deg - yai skall her-reh poh dai - I am going to listen to you (with a stethoscope)
Respekt for din situasjon - res-pekt for din si-tu-a-shon - Respect for your situation
Dette er viktig informasjon - deh-teh ehr vik-tig in-for-ma-shon - This is important information

Grammatical Examples

Leggen din er veldig dyktig. - Your doctor is very skilled (masculine).
Lege din er veldig dyktig. - Your doctor is very skilled (feminine).
Sykesøsteren din er veldig dyktig. - Your nurse is very skilled (feminine).

Sykesøsteren din er veldig dyktig. - Your nurse is very skilled (masculine).

Practice Dialog

Er det noe spesielt med mat eller helse du ønsker at vi skal ta hensyn til mens du er her?
Ja, vi faster ikke mellom soloppgang og solnedgang i Ramadan, og spiser bare halal-mat.
Takk for at du forteller det. Det skal vi notere og sørge for på storkjøkkenet.
Tusen takk, det betyr veldig mye for oss.

English translation:
Is there anything specific regarding food or health you would like us to consider during your stay here?
Yes, we fast between sunrise and sunset during Ramadan, and we only eat halal food.
Thank you for telling me. We will note that and ensure it is arranged by the main kitchen.
Thank you so much, that means a great deal to us.

Practice Scenario

Legeen møtte pasienten som nektet håndhilse. Hun forsto at det var av religiøs grunn. Med et nikk og et vennlig smil sa hun: "Takk for at du kom. Fortell meg om plagene dine." Hun sikret seg en tolk for å unngå misforståelser og stilte spørsmål for å forstå pasientens kulturelle perspektiv på helse.

English translation:
The doctor met the patient who refused to shake hands. She understood it was for religious reasons. With a nod and a friendly smile, she said: "Thank you for coming. Tell me about your ailments." She ensured an interpreter to avoid misunderstandings and asked questions to understand the patient's cultural perspective on health.

RELIGIOUS CONSIDERATIONS IN HEALTHCARE

Key Vocabulary

Trosbekreftelse - trohs-beh-krehf-tehl-seh - Religious affiliation
Tilbedelse - teel-beh-dehl-seh - Worship
Religiøs overbevisning - reh-lee-sheh-uhs oh-ver-beh-vees-ning - Religious belief
Andakt - ahn-dakt - Prayer/Devotion
Religiøs leder - reh-lee-sheh-uhs leh-der - Religious leader
Sjelepleie - sheh-leh-pleh-eh - Spiritual care
Religiøs mat - reh-lee-sheh-uhs maht - Religious dietary requirements
Livssyn - livs-syn - Worldview/Life stance
Respekt for troen - reh-spekt for tro-en - Respect for your faith
Religiøs praksis - reh-lee-sheh-uhs prak-sis - Religious practice

Grammatical Examples

Vi respekterer deres religiøse overbevisning. - We respect your religious belief (formal, plural).
Vi respekterer deres religiøse valg. - We respect your religious choice (formal, plural).
Vi respekterer deres religiøse praksis. - We respect your religious practice (formal, plural).
Vi respekterer deres religiøse tradisjoner. - We respect your religious traditions (formal, plural).

Practice Dialog

Vi ønsker å respektere alle religiøse behov under oppholdet. Er det noe spesielt vi bør være oppmerksomme på?
Takk for at du spør. Det er viktig for oss at han får mulighet til å be til rett tid.
Det skal vi ordne. Vi kan også sørge for at måltidene tilpasses eventuelle diettregler.
Det setter vi veldig stor pris på. Det betyr mye for oss å føle oss sett og hørt.

English translation:
We want to respect all religious needs during the stay. Is there anything specific we should be aware of?
Thank you for asking. It is important for us that he gets the opportunity to pray at the correct times.
We will arrange that. We can also ensure the meals are adapted to any dietary rules.
We really appreciate that. It means a lot to us to feel seen and heard.

Practice Scenario

Sykehuspresten ble hentet. Pasienten, en from muslim, avslo blodtransfusjon av religiøse grunner. Legen diskuterte alternativene med presten og familien, med respekt for pasientens tro. De fant en felles løsning med et bloderstatningsmiddel, som alle parter godkjente. Behandlingen ble iverksatt og pasienten fikk den nødvendige hjelpen.

English translation: The hospital chaplain was called. The patient, a devout Muslim, refused a blood transfusion for religious reasons. The doctor discussed the alternatives with the chaplain and the family, with respect for the patient's faith. They found a mutual solution with a blood substitute that all parties approved. The treatment was initiated and the patient received the necessary help.

LANGUAGE BARRIERS AND INTERPRETER SERVICES

Key Vocabulary
Snakker du engelsk? - SNAHK-ker doo EHNG-ehsk? - Do you speak English?
Trekker du på skuldrene? - TREHK-ker doo paw SKOOL-dreh-neh? - Are you shrugging your shoulders?
Jeg skal hente en tolk. - YAI skahl HEN-teh ehn tohlk. - I will get an interpreter.
Forstår du? - fohr-STAWR doo? - Do you understand?
Lege - LAY-geh - Doctor
Behandling - beh-HAHND-ling - Treatment
Smerte - SMAIR-teh - Pain
Resept - reh-SEPT - Prescription
Hvordan har du det? - VOHR-dahn hahr doo deh? - How are you feeling?
Takk for at du kom. - Tahk fohr aht doo kohm. - Thank you for coming.

Grammatical Examples
Vi har en tolk tilgjengelig for deg. - We have an interpreter available for you (informal/masculine).
Vi har en tolk tilgjengelig for dere. - We have an interpreter available for you all.
Vi har en tolk tilgjengelig for Dem. - We have an interpreter available for you (formal).

Jeg har en tolk tilgjengelig for deg. - I have an interpreter available for you (informal/masculine).

Practice Dialog
Pasienten snakker ikke norsk. Kan vi få en tolk?
Selvfølgelig. Jeg bestiller en telefontolk med en gang.
Tusen takk. Det er viktig å forstå alt sammen.
Absolutt. Det er viktig for oss også at kommunikasjonen er klar.

English translation:
The patient doesn't speak Norwegian. Can we get an interpreter?
Of course. I will order a telephone interpreter right away.
Thank you so much. It is important to understand everything.
Absolutely. It is important for us as well that the communication is clear.

Practice Scenario
Legeen møter en pasient som snakker minimalt norsk. Hun avbryter ikke, men henter tolk via telefon. Gjennom tolken forklarer hun diagnosen tydelig og sjekker forståelse. Pasienten kan endelig stille alle spørsmål. Legeen noterer "tolk benyttet" i journalen for å sikre kontinuitet i behandlingen.

English translation:
The doctor meets a patient who speaks minimal Norwegian. She does not interrupt, but fetches an interpreter via telephone. Through the interpreter, she explains the diagnosis clearly and checks for understanding. The patient can finally ask all their questions. The doctor notes "interpreter used" in the medical record to ensure continuity of care.

HEALTHCARE DISPARITIES AND SOCIAL DETERMINANTS

Key Vocabulary
Sosioøkonomisk bakgrunn - soh-shee-oo-kuh-noo-misk BAK-grunn - Socioeconomic background
Levekår - LAY-veh-kor - Living conditions
Helseulikheter - HEL-seh-oo-leek-heh-ter - Health disparities
Tilgang til helsetjenester - TIL-gang til HEL-seh-chuh-nes-ter - Access to healthcare services
Helselitterasitet - HEL-seh-lih-teh-rah-see-tet - Health literacy
Tilpasset språk- og tolkehjelp - til-PAH-seht språk oh TOL-keh-yelp - Adapted language and interpreter assistance
Kulturell forståelse - kool-tuh-RELL for-STO-el-seh - Cultural understanding
Sosiale determinanter for helse - soh-SHAH-leh deh-tehr-mee-NAN-ter for HEL-seh - Social determinants of health
Er det noe som hindrer deg i å følge behandlingen? - er deh noo-eh som HIN-drer dæ i å FØL-geh beh-AND-ling-en? - Is there anything preventing you from following the treatment?
Hvordan påvirker arbeidssituasjonen eller økonomien din helsen? - VOR-dan POH-vee-ker AR-beids-si-tu-a-shoo-nen EL-ler øh-kuh-noo-mee-en din HEL-sen? - How does your work situation or finances affect your health?

Grammatical Examples

Din økonomiske situasjon kan påvirke helsen din. - Your financial situation can affect your health.

Din sosiale situasjon kan påvirke helsen din. - Your social situation can affect your health.

Din arbeidssituasjon kan påvirke helsen din. - Your work situation can affect your health.

Din bostiuasjon kan påvirke helsen din. - Your living situation can affect your health.

Practice Dialog

Jeg ser at du har hatt mange fraværsdager fra jobb på grunn av sykdommen. Hvordan er økonomien din nå?

Det er stramt. Å ta bussen til timene koster mye, og jeg mister inntekt når jeg ikke er på jobb.

Jeg forstår. La oss se på muligheten for videokonsultasjoner, slik at du kan spare både tid og penger.

Tusen takk. Det hadde vært en stor hjelp for meg.

English translation:

I see you've had many absences from work due to your illness. How is your financial situation now?

It's tight. Taking the bus to the appointments costs a lot, and I lose income when I'm not at work.

I understand. Let's look into the possibility of video consultations, so you can save both time and money.

Thank you so much. That would be a big help for me.

Practice Scenario

Legekontoret var stille. Ahmed, en nyankommen flyktning, forklarte diffuse smerter. Legen forsto at usikker bosituasjon og språkbarrierer var underliggende årsaker. Hun booket en tolk, orienterte om rettigheter, og henviste til kommunens sosialtjeneste for hjelp med bolig. Helsehjelp må ta hensyn til hele livssituasjonen.

English translation:

The doctor's office was quiet. Ahmed, a newly arrived refugee, explained vague pains. The doctor understood that uncertain housing and language barriers were underlying causes. She booked an interpreter, informed him of his rights, and referred him to the municipal social services for housing assistance. Healthcare must consider the whole life situation.

MEDICAL ETHICS AND PATIENT AUTONOMY

Key Vocabulary
Innforstått samtykke - INN-for-stott SAM-tük-ke - Informed consent
Behandlingsvalg - be-HAND-lings-valg - Treatment options
Respekt for dine ønsker - res-PEKT for DEE-ne UHNSH-ker - Respect for your wishes
Verdighet - ver-DIG-hayt - Dignity
Vil du at en pårørende skal være til stede? - vil doo at en PO-rooren-de skall VEH-re til STEH-de - Would you like a relative to be present?
Vi må snakke om smertebehandling - vee maw SNAH-ke om SMAY-te-be-hand-ling - We need to talk about pain management
Dette er din beslutning - DET-te air din be-SLUT-ning - This is your decision
Taushetsplikt - TOY-shets-plikt - Duty of confidentiality
Har du noen spørsmål? - har doo NO-en SPURS-mawl - Do you have any questions?
Jeg vil gjerne høre din mening - yai vil YAIR-ne HUR-e din MAY-ning - I would like to hear your opinion

Grammatical Examples
Vi må respektere din autonomi. - We must respect your autonomy (informal, singular).
Vi må respektere deres autonomi. - We must respect your autonomy (formal/plural).
De må respektere sin autonomi. - They must respect their own

autonomy.
Jeg må respektere min autonomi. - I must respect my own autonomy.

Practice Dialog

Jeg anbefaler denne behandlingen, men det er viktig at du forstår alternativene.

Jeg setter pris på det, men jeg trenger litt tid til å tenke gjennom valgene mine.

Selvfølgelig. Ta den tiden du trenger. Mitt ansvar er å gi deg all nødvendig informasjon.

Takk. Jeg vil gjerne snakke med familien min først, så tar vi en avgjørelse.

English translation:
I recommend this treatment, but it's important that you understand the alternatives.

I appreciate that, but I need some time to think through my choices.

Of course. Take the time you need. My responsibility is to give you all the necessary information.

Thank you. I would like to speak with my family first, then we will make a decision.

Practice Scenario

Legen informerte pasienten om den nødvendige operasjonen og dens risiko. Pasienten, som var redd, nektet. Legen respekterte dette valget, men ba om en ny time for å diskutere alternativene og sikre at vedkommende forsto konsekvensene. Samtalen fokuserte på pasientens verdier og ønsker for sin egen helse.

English translation:
The doctor informed the patient about the necessary surgery and its risks. The patient, who was scared, refused. The doctor respected this choice but asked for a new appointment to discuss the alternatives and ensure the patient understood the consequences. The conversation focused on the patient's values and wishes for their own health.

CONFIDENTIALITY AND HIPAA COMPLIANCE

Key Vocabulary

Taushetsplikt - TAU-hets-plikt - Duty of confidentiality
Personvern - per-SOON-vern - Privacy
Sikkerhet - SIK-er-het - Security
Dine helseopplysninger - DEE-ne HEL-se-op-ly-sning-er - Your health information
Vi behandler opplysningene dine konfidensielt - Vee be-HAN-dler OP-ly-sning-en-e DEE-ne kon-fi-den-si-ELT - We treat your information confidentially
Samtykke - SAM-tyk-ke - Consent
Takk for din tillit - TAK for deen TIL-lit - Thank you for your trust
Er det greit at jeg noterer? - Er de GREIT at yai NO-te-rer? - Is it okay if I take notes?
Dette forblir mellom oss - DET-te for-BLEER MEL-lom oss - This will remain between us
Vi følger norske personvernregler - Vee FØL-ger NOR-ske per-SOON-vern-reg-ler - We follow Norwegian privacy rules

Grammatical Examples

Alle journalene deres er konfidensielle. - All your records are confidential.
All informasjonen deres er konfidensielt. - All your information is confidential.

Samtalen deres er konfidensielt. - Your conversation is confidential.
Behandlingen deres er konfidensiell. - Your treatment is confidential.
(Adjective agreement: Demonstrating how the adjective 'konfidensiell' changes ending (-ell, -elt, -elle) to agree with the gender (masculine/feminine, neuter, plural) of the noun it describes.)

Practice Dialog

Vi vil behandle all informasjonen din med strengt fortrolighet.
Takk, det er viktig for meg at min helseinformasjon forblir privat.
Alle våre rutiner er i henhold til norsk og internasjonal personvernlovgivning, som helsepersonelloven og HIPAA.
Det setter jeg stor pris på, og det gir meg tillit til behandlingen min.

English translation:
We will handle all your information with strict confidentiality.
Thank you, it is important to me that my health information remains private.
All our procedures comply with Norwegian and international privacy legislation, such as the Health Personnel Act and HIPAA.
I greatly appreciate that, and it gives me confidence in my treatment.

Practice Scenario

Lege Nielsen mottar en forespørsel om en pasients journal fra et familiemedlem. Hun minnes HIPAA og norsk taushetsplikt. Hun svarer høflig, men bestemt, at hun ikke kan dele opplysninger uten pasientens uttrykkelige samtykke. Hun tilbyr å veilede familien om hvordan de selv kan snakke med pasienten om helsen.

English translation: Doctor Nielsen receives a request for a patient's medical records from a family member. She recalls HIPAA and Norwegian confidentiality duty. She replies politely but firmly that she cannot share information without the patient's explicit consent. She offers to guide the family on how they can themselves talk to the patient about their health.

BREAKING BAD NEWS AND DIFFICULT CONVERSATIONS

Key Vocabulary

Jeg har dessverre dårlige nyheter - yai har DESS-ver-re DOR-leh NEE-he-ter - I unfortunately have bad news
Vi må snakke om noe vanskelig - vee maw SNAH-keh om noo-eh VAHN-sheh-lee - We need to talk about something difficult
Jeg forstår at dette er vanskelig - yai for-STAWr ah DEH-teh ehr VAHN-sheh-lee - I understand that this is difficult
Beklager så mye - beh-KLAH-ger saw MEE-eh - I am so sorry
Hvordan har De det? - VOR-dan har dee deh? - How are you? (formal)
Er det noe du lurer på? - ehr deh noo-eh doo LOO-rer paw? - Is there anything you are wondering about?
Vi skal gjøre alt vi kan for deg - vee skahl YUR-eh ahlt vee kahn for dai - We will do everything we can for you
Vil du at noen skal være med deg? - vil doo ah noo-en skahl VEH-reh meh dai? - Would you like someone to be with you?
Takk for at du fortalte meg det - tahk for ah doo for-TAHL-teh mai deh - Thank you for telling me that
Jeg er her for deg - yai ehr her for dai - I am here for you

Grammatical Examples

Vi må dessverre vente på flere prøveresultater. - We unfortunately have to wait for more test results.
Vi må dessverre vente på den endelige rapporten. - We

unfortunately have to wait for the final report.
Vi må dessverre vente på en ny time. - We unfortunately have to wait for a new appointment.
Vi må dessverre vente på en annen lege. - We unfortunately have to wait for another doctor.

Practice Dialog

Jeg beklager å måtte fortelle deg dette, men prøvene viser at behandlingen ikke har virket som vi hadde håpet.
Hva betyr det for oss nå? Hva er neste steg?
Vi må se nøye på alle alternativene. Jeg foreslår at vi møtes i morgen for å diskutere dette grundig sammen.
Takk for at du er ærlig. Vi setter pris på det.

English translation:
I'm sorry to have to tell you this, but the tests show that the treatment hasn't worked as we had hoped.
What does that mean for us now? What is the next step?
We need to look carefully at all the options. I suggest we meet tomorrow to discuss this thoroughly together.
Thank you for being honest. We appreciate it.

Practice Scenario

Legen satt ned og så pasienten i øynene. "Jeg har undersøkelsesresultatene. Dessverre er det alvorlig." Hun snakket sakte og tydelig, brukte enkle ord og avbrøt ikke. Hun lyttet til hans reaksjon og tilbød støtte. "Vi skal lage en plan sammen. Det er viktig at du har noen å snakke med." Hun ga ham tid til å fordøye nyheten.

English translation: The doctor sat down and looked the patient in the eyes. "I have the test results. Unfortunately, it is serious." She spoke slowly and clearly, used simple words, and did not interrupt. She listened to his reaction and offered support. "We will make a plan together. It is important that you have someone to talk to." She gave him time to process the news.

ADVANCE DIRECTIVES AND END-OF-LIFE PLANNING

Key Vocabulary

Livstestamente - LEEVST-eh-stah-MEN-teh - Living will
Fremtidig fullmakt - FREHM-tee-deeg FOOL-mahkt - Durable power of attorney
Behandlingsdirektiv - beh-HAHND-lingz-dee-rek-TEEV - Treatment directive
Livsavsluttende fase - LEEFS-ahv-sloo-tehn-deh FAH-seh - End-of-life phase
Smertebehandling - SMEH-teh-beh-hahnd-ling - Pain management
Palliativ behandling - pah-lee-ah-TEEV beh-hahnd-ling - Palliative care
Behandlingsbegrensning - beh-HAHND-lings-beh-grehn-sning - Treatment limitation
Respekt for pasientens ønsker - reh-SPEKT fohr pah-see-EHN-tehns URN-skehr - Respect for the patient's wishes
Verdighet i døden - vehr-DEEG-heht ee DUR-dehn - Dignity in death
Ønsker om ikke å gjenopplive - URN-skehr ohm IK-eh oh YEHN-op-lee-veh - Do-not-resuscitate wishes (DNR)

Grammatical Examples

Har De vurdert fremtidsfullmakten? - Have you considered the advance directive? (formal)

Har du vurdert fremtidsfullmakten? - Have you considered the advance directive? (informal)

Har De diskutert den medisinsk behandlingserklæringen? - Have you discussed the medical treatment declaration? (formal)

Har du diskutert den medisinsk behandlingserklæringen? - Have you discussed the medical treatment declaration? (informal)

Practice Dialog

Vi har snakket mye om behandlingsmål. Har du tenkt på om du ønsker livsforlengende behandling hvis tilstanden blir alvorlig forverret?

Ja, jeg har tenkt på det. Jeg ønsker ikke å bli gjenopplivet hvis sjansene for å komme tilbake til et normalt liv er svært små.

Det er en viktig avgjørelse. Vil du formalisere dette i en fremtidsfullmakt, slik at vi helt sikkert kan følge dine ønsker?

Ja, det vil jeg gjøre. Det gir meg og familien min trygghet for at mine verdier blir respektert.

English translation:

We have talked a lot about goals of care. Have you considered whether you want life-prolonging treatment if your condition becomes seriously worse?

Yes, I have thought about it. I do not wish to be resuscitated if the chances of returning to a normal life are very small.

That is an important decision. Would you like to formalize this in an advance directive, so we can definitely follow your wishes?

Yes, I would. It gives me and my family security that my values will be respected.

Practice Scenario

Eldre pasient med livredderende behandling. Legen spør om fremtidsfullmakt og behandlingsbegrensning. Pasienten bekrefter: "Jeg ønsker ikke prolongert liv uten mening. Fokus på livskvalitet og smertefrihet." Familien er enige. Legen dokumenterer ønsket i journalen og takker for den tydelige kommunikasjonen. Respekt for pasientens autonomi er viktig.

English translation:

Elderly patient with life-saving treatment. The doctor asks about the advance directive and treatment limitation. The patient confirms: "I do not wish prolonged life without meaning. Focus on quality of life and being pain-free." The family agrees. The doctor documents the wish in the medical record and thanks them for the clear communication. Respect for patient autonomy is important.

MEDICAL MALPRACTICE AND RISK MANAGEMENT

Key Vocabulary
Feilbehandling - FAYL-beh-hand-ling - Medical malpractice
Risikostyring - ree-SEE-koh-sty-ring - Risk management
Informert samtykke - in-for-MEHRT sam-tyk-ke - Informed consent
Helsetjenesteyting - HEL-se-tyen-est-ey-ting - Provision of healthcare
Sikkerhetsrutine - SIK-er-hets-roo-tee-ne - Safety procedure
Taushetsplikt - TOW-hets-plikt - Duty of confidentiality
Legemiddelvirkning - LEH-ge-mid-del-veer-kning - Drug effect
Bivirkning - BEE-veer-kning - Side effect
Jeg skal forklare - yai skahl for-KLAH-reh - I will explain
Beklager uleiligheten - beh-KLAH-ger oo-lay-lee-hay-ten - I apologize for the inconvenience

Grammatical Examples
Vi må dokumentere denne hendelsen nøye. - We must document this incident carefully.
De må dokumentere denne hendelsen nøye. - They must document this incident carefully.
Jeg må dokumentere denne hendelsen nøye. - I must document this incident carefully.
Du må dokumentere denne hendelsen nøye. - You must document this incident carefully.

Practice Dialog

Vi forstår at du er bekymret for komplikasjonen som oppstod under behandlingen.

Vi tar dette svært alvorlig og har allerede iverksatt en intern gjennomgang for å forstå hva som skjedde.

Takk, det er viktig for oss å høre. Hva blir neste steg i denne prosessen?

Vi vil holde dere fullstendig informert underveis, og vårt fokus er nå pasientens videre behandling og rehabilitering.

English translation:

We understand that you are concerned about the complication that occurred during the treatment.

We take this very seriously and have already initiated an internal review to understand what happened.

Thank you, it is important for us to hear that. What will be the next step in this process?

We will keep you fully informed throughout, and our focus is now on the patient's continued treatment and rehabilitation.

Practice Scenario

Legen glemte å dobbeltsjekke pasientens allergier før han skrev ut penicillin. En alvorlig reaksjon inntraff. Dette understreker viktigheten av konsekvent bruk av sjekklister og god pasientsamhandling for å bekrefte historikk. Risikostyring handler om å etablere slike rutiner for å forhindre feil og sikre pasientsikkerhet.

English translation: The doctor forgot to double-check the patient's allergies before prescribing penicillin. A severe reaction occurred. This underscores the importance of consistently using checklists and good patient communication to confirm history. Risk management is about establishing such routines to prevent errors and ensure patient safety.

PROFESSIONAL BOUNDARIES AND THERAPEUTIC RELATIONSHIPS

Key Vocabulary
God dag - goo daag - Good day
Hvordan har De det? - vor-dan har dee deh? - How are you? (formal)
Takk for tilliten - takk for til-lee-ten - Thank you for your trust
Dette er konfidensielt - deh-teh air kon-fi-den-si-elt - This is confidential
Jeg er her for å hjelpe Dem - yai air hair for aw yel-peh dem - I am here to help you (formal)
Vi må holde en profesjonell relasjon - vee maw hol-leh en pro-fe-shu-nell re-la-shoon - We must maintain a professional relationship
Jeg er på jobb - yai air paw yobb - I am on duty/at work
Respekt for privatlivet - res-pekt for pri-vaat-lee-vet - Respect for privacy
Dette er en sikker sone - deh-teh air en sik-ker soo-neh - This is a safe space
La oss avtale en time - law oss av-taa-leh en tee-meh - Let's schedule an appointment

Grammatical Examples
Det er viktig at du føler deg trygg. - It is important that you feel

safe.
Det er viktig at De føler Dem trygge. - It is important that you feel safe (formal).
Det er viktig at pasienten føler seg trygg. - It is important that the patient feels safe.
Det er viktig at pasientene føler seg trygge. - It is important that the patients feel safe.

Practice Dialog
Jeg setter pris på at du er så engasjert, men for å gi best mulig behandling må vi holde kommunikasjonen til timeavtalene våre.
Selvfølgelig, jeg forstår. Jeg vil respektere det. Jeg har bare noen få spørsmål om medisinen før jeg går.
Tusen takk. Du kan alltid ringe resepsjonen for ikke-hastende henvendelser. For akutte problemer, ring legevakten.
Det er greit. Da venter jeg til vår neste time. Takk for at du gjør grensene så klare.

English translation:
I appreciate that you are so engaged, but to provide the best possible treatment, we must keep our communication to our scheduled appointments.
Of course, I understand. I will respect that. I just have a few quick questions about the medication before I go.
Thank you. You can always call the reception for non-urgent matters. For acute problems, call the emergency room.
That's fine. I will wait until our next appointment then. Thank you for making the boundaries so clear.

Practice Scenario
Lege Eva møtte en pasient som inviterte henne på kaffe etter konsultasjonen. Hun takket vennlig nei og forklarte rolig at hennes rolle var å yte medisinsk behandling. Hun bekreftet at hun var der for pasienten under timeavtaler. Pasienten forsto og takket for profesjonalitet. Grensene ble respektert.

English translation:

Doctor Eva met a patient who invited her for coffee after the consultation. She politely declined and calmly explained that her role was to provide medical treatment. She confirmed that she was there for the patient during scheduled appointments. The patient understood and thanked her for her professionalism. The boundaries were respected.

www.ingramcontent.com/pod-product-compliance
Lightning Source LLC
Chambersburg PA
CBHW050858160426
43194CB00011B/2202